utb 5845



## Eine Arbeitsgemeinschaft der Verlage

Brill | Schöningh – Fink · Paderborn
Brill | Vandenhoeck & Ruprecht · Göttingen – Böhlau · Wien · Köln
Verlag Barbara Budrich · Opladen · Toronto
facultas · Wien
Haupt Verlag · Bern
Verlag Julius Klinkhardt · Bad Heilbrunn
Mohr Siebeck · Tübingen
Narr Francke Attempto Verlag – expert verlag · Tübingen
Psychiatrie Verlag · Köln
Ernst Reinhardt Verlag · München
transcript Verlag · Bielefeld
Verlag Eugen Ulmer · Stuttgart
UVK Verlag · München
Waxmann · Münster · New York
wbv Publikation · Bielefeld
Wochenschau Verlag · Frankfurt am Main

**Thomas Staab • David Matusiewicz**

# Ratgeber Berufsbegleitende Promotion

Eine Entscheidungshilfe

Verlag Barbara Budrich
Opladen & Toronto 2022

## Die Autoren:

Dr. Thomas Staab, Diplom-Gesundheitsökonom (Universität Köln), Promotion in Public Health (Medizinische Hochschule Hannover), mehr als zehn Jahre Erfahrung in verschiedenen (Führungs-)Positionen bei global tätigen Pharmaunternehmen

Prof. Dr. David Matusiewicz, Professur für Gesundheitsmanagement, Dekan Gesundheit & Soziales, FOM – Hochschule für Oekonomie und Management, Direktor Institut für Gesundheit & Soziales (ifgs), Essen

Bibliografische Information der Deutschen Nationalbibliothek
Die Deutsche Nationalbibliothek verzeichnet diese Publikation in der Deutschen Nationalbibliografie; detaillierte bibliografische Daten sind im Internet über https://portal.dnb.de abrufbar.

Gedruckt auf säurefreiem und alterungsbeständigem Papier.


www.budrich.de

| | |
|---|---|
| **utb-Bandnr.** | **5845** |
| **utb-ISBN** | **978-3-8252-5845-0** |
| **utb-e-ISBN** | **978-3-8385-5845-5** |



Online-Angebote oder elektronische Ausgaben sind erhältlich unter www.utb shop.de.

Satz: Ulrike Weingärtner, Gründau – info@textakzente.de
Umschlaggestaltung: Atelier Reichert, Stuttgart
Titelbildnachweis: Kidaha, pixabay.com
Druck: Elanders GmbH, Waiblingen
Printed in Germany

# Inhaltsverzeichnis

# Abbildungs- und Tabellenverzeichnis

## Abbildungen



## Tabellen

# Danksagung

Dieses Buch lebt von Erfahrungswerten. Um von individuellen Erkenntnissen aus dem eigenen Promotionsprozess sowie der mehrjährigen Beschäftigung mit dem Themenkomplex „Nebenberufliche Promotion“ zu einer allgemeingültigeren Einordnung der Thematik zu gelangen, sind diverse Sichtweisen und Einblicke erforderlich.

Der Austausch mit dem persönlichen Umfeld hat dahingehend bereits geholfen, jedoch sollte diese Basis mit Blick auf die Verallgemeinbarkeit der Erkenntnisse im Rahmen dieses Buchprojekts ausgebaut werden. Die FOM Hochschule für Oekonomie & Management hat beim Einholen eines breiteren Feedbacks maßgeblich unterstützt. Dafür möchten wir uns ganz herzlich bedanken.

Sämtlichen Promovend:innen und Betreuungspersonen, die uns durch das Ausfüllen des Fragebogens unterstützt haben, möchten wir ebenfalls unseren Dank aussprechen. Gleiches gilt für alle Interviewpartner:innen, die mit ihrer individuellen Sichtweise und Expertise zu einer in dieser Form einmalig umfassenden Einschätzung zum Stellenwert eines Doktortitels beigetragen haben. Namentlich zu nennen sind hier Dr. Christine Stimpel, Angela Westdorf, Miriam Kessler sowie Ilkay Boramir und Eva-Maria Meijnen, deren Beiträge direkten Eingang in das Buch gefunden haben.

Beim Verlag Barbara Budrich sowie der utb-Verlagsgruppe möchten wir uns für die hervorragende Betreuung des gesamten Erstellungs- und Veröffentlichungsprozesses bedanken. Das Lektorat, in erster Linie Vivian Sper, stand jederzeit freundlich und kompetent für jegliche Rückfragen, aber auch für angrenzende Themen des eigentlichen Buchprojekts zur Seite.

Viele persönliche Kontakte haben darüber hinaus bei dem Vorhaben unterstützt, diesen Ratgeber für berufsbegleitende Promotionen zu schreiben. Hierunter fällt das punktuelle Erörtern von spezifischen Fragestellungen oder auch das Probe- und Korrekturlesen des Manuskripts. Vielen Dank für diese Form des Supports!

Ähnlich wie ein Promotionsvorhaben kann ein solches Buchprojekt nicht ohne den Rückhalt aus dem familiären Umfeld realisiert werden – sei es durch moralischen Beistand und/oder den temporären Verzicht auf gemeinsame Aktivitäten. Ganz herzlichen Dank für diese Unterstützung!

# Vorwort

Das vorliegende Buch ist eine **Entscheidungshilfe** für Promotionsinteressierte und nebenberufliche Doktorand:innen in Deutschland. Es ist weder eine Anleitung zum wissenschaftlichen Arbeiten noch zu Themen der konkreten Erstellung einer Doktorarbeit (z. B. Themenfindung, Exposé, Aufbau, Gliederung etc.). Tipps und themenspezifische Literatur existieren hierzu in ausreichender Zahl. Wer sich jedoch die Frage stellt, ob eine Promotion parallel zum Beruf realisierbar ist, findet dahingehend aktuell kaum zielführende Lektüre. Diese Lücke wird mit diesem Buch geschlossen.

Themenfelder und Fragen von nebenberuflichen Promovend:innen ähneln sich. Mitarbeitende von Unternehmen, die über eine Dissertation nachdenken, stellen sich vergleichbare Fragen. Und so stehen externe Doktorand:innen schließlich vor denselben Herausforderungen. Wir haben daher den Ratgeber geschrieben, von dem wir denken, dass er uns selbst vor und während unserer eigenen (berufsbegleitenden) Promotion geholfen hätte – sowohl bezogen auf eine initiale Entscheidungsfindung als auch bei der Identifizierung und konkreten Umsetzung erfolgsversprechender Maßnahmen. Grundlage hierfür ist ein realitätsnahes Bild dieses Vorhabens.

Dieser Ratgeber ist Dein „Sparringspartner" auf dem Weg zu einer Entscheidung hinsichtlich der Fragen „Berufsbegleitende Promotion – ja oder nein?" bzw. „Durchhalten oder abbrechen?", je nachdem in welcher Phase Du Dich momentan befindest. Das Ergebnis dieser inneren Auseinandersetzung kann durchaus sein, dass Du Dich gegen ein Promotionsvorhaben oder für den Abbruch Deiner bereits begonnenen Dissertation entscheidest – beides haben wir in unserem unmittelbaren Umfeld erlebt und beides ist natürlich vollkommen in Ordnung. So wie eine wissenschaftliche Hypothese verworfen werden kann, kann auch der Gedanke an die Realisierung einer Doktorarbeit ad acta gelegt werden. Denn jede Konstellation ist individuell und beinhaltet persönliche Faktoren, die einen erheblichen Einfluss auf den Erstellungsprozess haben können. Das Bewusstsein hierfür kann Dir helfen, zu einer realistischen Einschätzung bezüglich der Erfolgsaussichten zu gelangen. Generell lässt sich sagen: Je früher eine solche Entscheidung getroffen wird, umso vorteilhafter ist sie aus Sicht aller am Promotionsprozess beteiligten Personen.

Wir haben den Anspruch, *wesentliche* Einflussfaktoren auf eine berufsbegleitende Doktorarbeit zu beschreiben, ohne dabei vollständig zu sein. Diese stellen – basierend auf unseren Erfahrungen sowie einer Vielzahl von Gesprächen – eine bewusste Auswahl dar. Ergänzt wurden sie durch die Auswertung von Fragebögen und die Einbeziehung weiterer Praxisbeispiele. Die Ausführungen fokussieren auf die Themenkomplexe mit der unserer Meinung nach höchsten (Umsetzungs-)Relevanz und zeigen mögliche Wege auf, mit diesen zielgerichtet umzugehen.

Wir wünschen Dir viel Freude bei der Lektüre und vor allem die für Dich persönlich richtige Entscheidung.

Thomas Staab & David Matusiewicz

**„Wollen, lernen, machen, sich freuen!“[1]**

1 Antwort eines Promovenden auf die Frage, welchen *einen* Tipp er angehenden Doktorand:innen mit auf den Weg geben würde.

# Zum Aufbau dieses Buchs

Eine Doktorarbeit ist stets eine Herausforderung – unabhängig davon, ob in Vollzeit oder berufsbegleitend. Nahezu allen Doktorand:innen gemein ist das Durchlaufen bestimmter Phasen mit jeweils spezifischen Besonderheiten. Der Anfang ist geprägt von der intensiven Auseinandersetzung mit den Beweggründen und der Reflexion der persönlichen Motivation für ein solches Vorhaben. Es folgt die Suche nach einem Doktorvater bzw. einer Doktormutter sowie einem Thema, mit dem man sich über Jahre beschäftigt und das im Bestfall auch zum Zeitpunkt der Fertigstellung nicht an Aktualität verloren hat. Wenn schließlich alle formalen Schritte mit der Hochschule bzw. Universität geklärt sind, kann die eigentliche Schreibarbeit beginnen, die für die meisten Promovend:innen durch Hochs und Tiefs charakterisiert ist. Und selbst wenn man das fertige „Werk" gebunden in den Händen hält, steht im Regelfall noch eine mehr oder weniger vorbereitungsintensive Verteidigung an.

Du kannst Dir diesen Weg wie einen Marathonlauf vorstellen: Es wird relativ sicher ein Punkt kommen, an dem der Prozess keinen richtigen Spaß mehr macht, enorm anstrengend ist und Dich möglicherweise an die eigene Belastungsgrenze führt. Früher oder später treten in den allermeisten Fällen Rückschläge und womöglich gar Zweifel an der Fortführung der Doktorarbeit auf. Wer sich daher auf solch eine (in aller Regel beschwerliche) Reise einlässt, sollte sich diesen Schritt nicht nur gut überlegen, sondern sich im Vorfeld bereits Gedanken machen, wie die ohnehin fordernde Situation besser bewältigt werden kann. Klarheit und Verständnis hinsichtlich möglicher Einflussfaktoren können dabei helfen, diese als Erfolgsfaktoren für sich zu nutzen und weniger negative Überraschungen zu erleben. Nicht alle in diesem Buch erwähnten Einflussfaktoren sind für jede Promotionskonstellation in gleichem Maße relevant und dennoch sind einige davon so unstrittig, dass sie durchaus als allgemeingültig angesehen werden können.

Der vorliegende Ratgeber gibt im ersten Kapitel einleitend zunächst einen Überblick über die wesentlichen **Begrifflichkeiten** im Kontext einer (berufsbegleitenden) Promotion und geht dabei auch auf relevante **Zahlen** und **aktuelle Themen** ein. Wer sich für eine externe Dissertation entscheidet, sollte sich des persönlichen **Stellenwerts eines Doktortitels** bewusst sein. Dieser Aspekt wird im zweiten Kapitel aus verschiedenen Blickwinkeln intensiv durchleuchtet. Die Auswertung von Fragebögen für Doktorand:innen und Betreuungspersonen bilden hierbei die Ausgangslage. Vervollständigt wird dieser Themenkomplex durch Interviews mit Personalberatungen sowie der Perspektive aus dem Consulting und einem Start-up. Das dritte Kapitel bildet den Kern der Ausführungen – basierend auf der Beschreibung regelhafter **Phasen**, die in dieser Abfolge auf die meisten Promovierenden zukommen. Innerhalb dieses umfangreichen Kapitels werden für die wesentlichen Meilensteine **(Haupt-)Einflussfaktoren** benannt, die für ein solches nebenberufliches Projekt relevant sein können. Viele davon gelten zwar auch für nicht-berufsbegleitende Dissertationen, haben dann jedoch mit Blick auf die Erstellungsphase u. U. eine andere Durchschlagskraft. Die wesentlichen Einflussfaktoren werden nicht nur benannt, sondern auf Basis ihrer potentiellen Auswirkung auf den Erfolg der Arbeit sowie ihrer Beeinflussbarkeit in Richtung etwaiger **Erfolgsfaktoren** zielgerichtet erörtert (u. a. in Form von Reflexionen und Checklisten oder als konkrete Praxistipps). Der vorliegende Ratgeber schließt im vierten Kapitel mit einem zusammenfassenden Schlusswort – inklusive einer pointierten Darstellung der wesentlichen Entscheidungskriterien für eine berufsbegleitende Doktorarbeit.

Wie bereits erwähnt, flossen anhand von Fragebögen sowie durch Fokusinterviews breite praktische Erfahrungswerte in die Erstellung des Buchs ein. Hierbei wurden neben unterschiedlichen persönlichen Konstellationen auch Beispiele mit Entscheidungen *gegen* die Fortführung der Dissertation eingeschlossen, um ein differenziertes Bild darzustellen. Uns war es wichtig – ausgehend von einem breiten Fundament – das Thema fokussiert in Richtung einer Entscheidungsfindung und erfolgreichen Umsetzung einer nebenberuflichen Promotion aufzubereiten (siehe Abbildung 1: Aufbau des Buchs). Nach Lektüre des Buchs solltest Du daher in der Lage sein, im Sinne einer informierten Entscheidungsfindung auf solider Basis einen individuellen Entschluss hinsichtlich Deines Promotionsvorhabens zu treffen.

Da Promotionsinteressierte bzw. Promovend:innen in aller Regel bereits viel lesen (müssen), sind die wesentlichen Aussagen und Schlussfolgerungen in den einzelnen Kapiteln und Unterkapiteln noch einmal in jeweils drei Kernpunkten prägnant zusammengefasst („Key Learnings"). Praxisbeispiele und konkrete Tipps sind ebenfalls optisch hervorgehoben. So bietet sich die Möglichkeit einer ersten Orientierung, der sich eine tiefergehende Lektüre – in Abhängigkeit von der persönlichen Relevanz der Themenpunkte – anschließen kann.

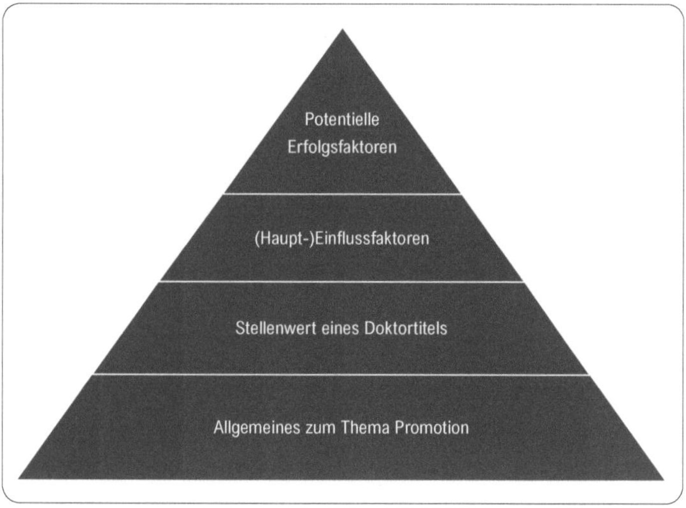


**Abbildung 1: Aufbau des Buchs (Eigene Darstellung)**

# 1 Allgemeines zur (berufsbegleitenden) Promotion

In diesem ersten Kapitel erfährst Du etwas über den akademischen Stellenwert einer Promotion und wir (er)klären wichtige Begrifflichkeiten rund um das Thema. Eine Auswahl quantitativer Aspekte sowie aktuelle Entwicklungen mit dem Fokus auf Plagiaten runden dieses Kapitel ab.

## 1.1 Einordnung und Verortung der Promotion

Durch den sog. Bologna-Prozess wurde eine Vereinheitlichung von Studiengängen und -abschlüssen im Zusammenhang mit der Hochschulreform in Europa initiiert, die auf der Schaffung eines einheitlichen Europäischen Hochschulraums beruht. In diesem Zusammenhang wurde ein dreistufiges System berufsbegleitender Studienabschlüsse definiert, welches sich nach dem Bundesministerium für Bildung und Forschung (BMBF) wie folgt ausgestaltet:[2]

- **Bachelor**: erster berufsqualifizierender Hochschulabschluss und Regelabschluss; vermittelt wissenschaftliche Fachkompetenzen, Methodenkompetenz sowie **berufsfeldbezogene Kompetenzen** entsprechend dem Profil der Hochschulen und des Studiengangs
- **Master:** spezifische Profile im Sinne eher anwendungsorientierter oder forschungsorientierter Studiengänge; **fachlich vertiefte, verbreitete, fachübergreifende oder fachlich dif-**

2 „Die Umsetzung der Ziele des Bologna-Prozesses 2000-2020 - Nationaler Bericht von Kultusministerkonferenz und Bundesministerium für Bildung und Forschung unter Mitwirkung von HRK, DAAD, Akkreditierungsrat, fzs, DSW, GEW und BDA“ (Bundesministerium für Forschung und Bildung (BMBF)), zugegriffen 01. Februar 2022, https://bit.ly/3JhVPdg.

**ferenzierte Kompetenzen** für die unterschiedlichen Anforderungen in Wissenschaft und Praxis/Arbeitsmarkt
- **Doktorat**: selbständige wissenschaftliche Arbeit, in der Doktorand:innen **signifikante neue, durch eigene Arbeiten gewonnene Ergebnisse** in ihren Forschungsgebieten darlegen und in Abgrenzung zu bekanntem Wissen diskutieren

Es zeigt sich, dass im Gegensatz zum Bachelor und Master die Promotion deutlich eigenständiger und weniger „verschult" abläuft. Selbst bei einem Promotionsstudium sind allenfalls flankierende Kurse oder Seminare in eine Semesterstruktur eingebunden; das eigentliche Schreiben an der Dissertation erfolgt selbstorganisiert.

## 1.2 Begrifflichkeiten rund um das Thema Promotion

### Doktor(titel)

Eine Promotion ist die Grundlage zur Erlangung eines Doktortitels. Unter dem Begriff „Doktor" versteht der Duden: *„höchster akademischer Grad, der durch eine schriftliche wissenschaftliche Arbeit, die Dissertation, und eine bestandene mündliche Prüfung, das Rigorosum, erworben wird" sowie den „Träger eines Doktortitels."*[3]

Im englischsprachigen Kontext wird häufig mit Abschluss eines Promotionsprogramms der Titel „PhD" vergeben, der mit „Doktor der Philosophie" übersetzt werden kann und oftmals eine Karriere im Ausland und/oder in der Forschung als Ziel hat.[4] Im Zusammenhang mit einem wirtschaftswissenschaftlichen Doktortitel wird international auch die Möglichkeit angeboten, einen „Doctor of Business Administration" (DBA) zu absolvieren; dieser

---

3 „Doktor", Duden, zugegriffen 1. Februar 2022, https://www.duden.de/rechtschreibung/Doktor.

4 Victoria Mrosek, „Doktor oder doch Ph.D.? Eine Frage der eigenen Ziele", e-fellows.net, zugegriffen 1. Februar 2022, https://www.e-fellows.net/Studium/Studiengaenge/Promotion/Wissenswertes-zur-Promotion/Doktor-versus-PhD.

spielt insbesondere bei nebenberuflichen Promotionsprogrammen eine Rolle.[5]

### Monographie

Die Monographie stellt den wohl bekanntesten Weg einer Dissertation dar, nämlich eine „*größere wissenschaftliche Einzeldarstellung*"[6]. Hierbei handelt es sich um eine Doktorarbeit in Form eines Gesamtwerks, das einem in der Regel klassischen Aufbau in Einleitung (Theoretische Grundlagen, Fragestellung/Hypothesen, Methodik), Hauptteil (Analyse, Ergebnisse) sowie Schluss (Diskussion, Fazit, Ausblick) folgt. Das Resultat ist eine umfangreiche und differenzierte Abhandlung zu einer spezifischen wissenschaftlichen Fragestellung. Im Gegensatz dazu untersucht die im nächsten Absatz beschriebene kumulative Dissertation meist verschiedene Aspekte eines Themenkomplexes und setzt diese dann abschließend in Relation zueinander.

### Kumulative Dissertation

Bei einer kumulativen Dissertation wird der Weg zum Doktortitel über mehrere Einzelpublikationen in (Fach-)Zeitschriften mit sog. Peer-Review-Verfahren beschritten. Vor Annahme der Beiträge in einem Journal dieser Art werden diese einem umfangreichen Begutachtungsprozess unterzogen. Oftmals sind mehrere Wiedereinreichungen erforderlich, bis der Artikel von einem oder mehreren Reviewern aus dem Fachbereich als qualitativ ausreichend erachtet wird. Gutachter:innen kennen dabei nicht den Namen der Wissenschaftler:innen und umgekehrt (doppelblindes Verfahren). Ein Peer-Review ist demnach ein Verfahren zur Qualitätssicherung einer wissenschaftlichen Arbeit.

---

5 „Promotion berufsbegleitend", Studieren-berufsbegleitend.de, zugegriffen 1. Februar 2022, https://www.studieren-berufsbegleitend.de/promotion-berufsbegleitend/.

6 „Monografie", Duden, zugegriffen 1. Februar 2022, https://www.duden.de/rechtschreibung/Monografie.

Ob eine kumulative Dissertation an einer Hochschule möglich ist, entscheidet die jeweilige Promotionsordnung. Diese regelt darüber hinaus weitere Details eines solchen Ablaufs: Anzahl der zu publizierenden Artikel, Art(en) von Zeitschriften (hier spielt der sog. Impact Factor[7] eine zentrale Rolle), Spezifika zur Autorenschaft (z. B. Erst- bzw. Letztautorenschaft) sowie Umfang der Veröffentlichungen. In den meisten Fällen muss um die Einzelpublikationen noch ein Rahmen geschrieben werden, der die inhaltliche Stringenz der Gesamtuntersuchung erläutert. Dieser leitet in das Thema ein und verbindet die einzelnen Texte, sodass am Schluss ein Gesamtfazit möglich ist.

Laut einer Auswertung des Datenportals Nacaps beträgt der Anteil kumulativer Promotionen (bei knapp 24.000 befragten Doktorand:innen) ca. ein Viertel – mit steigender Tendenz, da Publikationen im internationalen Kontext eine höhere Sichtbarkeit erzielen und sich somit potentiell karrierefördernd auswirken.[8]

## Externe Promotion

Unter einer externen Promotion versteht man die Erstellung einer Doktorarbeit ohne eine Anstellung an einem Lehrstuhl. Die Finanzierung erfolgt zumeist durch Ausübung eines Berufs außerhalb der Hochschule. Die Forschungsleistung findet bspw. im Rahmen einer eigenständigen wissenschaftlichen Abhandlung oder einer Tätigkeit in einem Unternehmen statt.

7 Der Impact Factor reflektiert die Höhe des Einflusses eines wissenschaftlichen Journals. Grundlage der Berechnung ist die durchschnittliche Häufigkeit der Zitierung von Artikeln der jeweiligen Fachzeitschrift.

8 „Indikator: Dissertationsform", Themenbereich: Art- und Struktur der Promotion, zugegriffen 1. Februar 2022, https://nacaps-datenportal.de/indikatoren/C1.html.

## Promotionsstudium

Neben der internen und der externen Promotion besteht auch die Möglichkeit, über ein strukturiertes Promotionsstudium den Doktortitel zu erlangen. Hierbei müssen neben der eigentlichen Dissertation häufig auch weitere (Prüfungs-)Leistungen erbracht werden, z. B. die Belegung von Seminaren, Kursen, Vorlesungen bzw. Doktorandenkolloquien. Eine solche Form kann u. a. gewählt werden, wenn die Promotion nicht in dem Fach erstellt wird, in dem man das (erste) Studium absolviert hat.

## Disputation/Defensio

Der Duden gibt für den Begriff Disputation zwei Erläuterungen an: a) *„wissenschaftliches Streitgespräch, in dem ein Thema, ein Fragenkomplex öffentlich erörtert wird“* und b) *„das Vertreten, Verteidigen von wissenschaftlichen Arbeiten zur Erlangung eines akademischen Grades“*.[9] Im Kontext einer Dissertation handelt es sich um eine mündliche Abschlussprüfung, die meist in einen Vortrag und eine Diskussion unterteilt ist. Alle an der Begutachtung der Doktorarbeit beteiligten Prüfer:innen nehmen für gewöhnlich an diesem Termin teil (ggf. eine Person zusätzlich als Vorsitz). An einigen Hochschulen wird die Disputation auch Defensio genannt.

## Rigorosum

Das Rigorosum stellt in aller Regel eine umfangreichere Form der mündlichen Doktorprüfung dar als die Disputation. Dies ist durch den größeren Prüfungsumfang begründet, da neben dem eigentlichen Thema der Doktorarbeit noch Studieninhalte oder weitere Fächer geprüft werden.[10]

---

9 „Disputation“, Duden, zugegriffen 1. Februar 2022, https://www.duden.de/rechtschreibung/Disputation.

10 „Disputation, Rigorosum, Promotionskolloquium“, academics, zugegriffen 1. Februar 2022, https://www.academics.de/ratgeber/dissertationskolloquium-rigorosum-disputation#subnav_rigorosum_umfassende_muendliche_pruefung.

### Ehrendoktor

Hierbei handelt es sich um eine besondere Form des Doktortitels (Dr. h.c.), der *„jemandem aufgrund seiner Verdienste ehrenhalber“*[11] verliehen wird. Dies geschieht ohne das Ablegen einer Prüfung, sodass es sich vielmehr um eine Auszeichnung als um einen akademischen Abschluss handelt. Die Abkürzung „h.c.“ steht für „honoris causa“ und bedeutet aus dem Lateinischen übersetzt „ehrenhalber“.[12] Sofern eine Person drei oder mehr Ehrendoktortitel verliehen bekommen hat, werden diese üblicherweise mit „Dr. h.c. mult.“ geführt.

### Berufsbegleitende Promotion im Kontext dieses Buchs

Im Wortsinn bedeutet „berufsbegleitend“, dass die Dissertation eine Haupttätigkeit (den eigentlichen Beruf) begleitet. In einem Artikel von FAZ Campus wird zuspitzend gar von *„Wochenend-Doktoranden“* gesprochen.[13] Mit anderen Worten: Der Job hat oberste Priorität. So werden es auch die meisten Arbeitgeber sehen, deren Mitarbeitende eine Doktorarbeit schreiben. Für Nachlässigkeiten oder gar Fehler im Rahmen der beruflichen Tätigkeit wird wenig Verständnis vorherrschen. Diese Tatsache sollte man sich als Promotionsinteressent:in vor Beginn einer Dissertation verdeutlichen.

Streng genommen könnte man darüber debattieren, wann eine Promotion wirklich *berufsbegleitend* ist. Promovieren wissenschaftliche Mitarbeitende mit einer Vollzeitstelle an einem Lehrstuhl, betreuen dort Projekte und sind in die Lehre eingebunden (u.a. Vorlesungen, Tutorien, Klausuren), dann erfolgt die Erstellung der Dissertation im Prinzip ebenfalls neben dem (Kern-)Job, sofern die Doktorarbeit dabei nicht eines der von ihnen betreu-

---

11 „Ehrendoktor“, Duden, zugegriffen 01. Februar 2022, https://www.duden.de/rechtschreibung/Ehrendoktor.

12 „honoris causa“, Duden, zugegriffen 01. Februar 2022, https://www.duden.de/rechtschreibung/honoris_causa.

13 Deike Uhtenwoldt, „Die Wochenend-Doktoranden“, 18. Oktober 2013, https://www.faz.net/aktuell/karriere-hochschule/campus/externe-promotionen-die-wochenend-doktoranden-12612891.html.

ten Projekte ist. Eine Auswertung des Nacaps-Datenportal zeigt jedoch, dass der Anteil von Vollzeit-Promotionsstellen an Hochschulen unter den Rückläufern[14] lediglich ca. ein Drittel beträgt, während Doktorarbeiten außerhalb einer Hochschule bzw. bei einer anderweitigen Beschäftigung zwischen knapp 49 % und 56 % in Vollzeit geschrieben werden.[15]

Ein weiterer Unterschied zwischen nebenberuflichen Doktorand:innen und wissenschaftlichen Mitarbeitenden ist die im Regelfall höhere finanzielle monatliche Basis ersterer; diese lässt sich nicht zuletzt durch planbarere Arbeitsverhältnisse mit weniger Befristungen als bei der meist projektbezogenen Mitarbeit am Lehrstuhl erklären. In der Konsequenz führt dies zu weniger Zeitdruck – ein Aspekt, der sich auch gegenteilig äußern kann, falls der Promotionsprozess sich über einen zu langen Zeitraum hinzieht.

Im Rahmen dieses Buchs rücken wir in erster Linie die Konstellation eines Berufs *außerhalb* der Hochschule bzw. Universität in den Fokus der Betrachtungen. Dies ist vor allem darin begründet, dass der Impuls für eine solche Form der nebenberuflichen Promotion eher nach bereits erfolgtem Eintritt in ein Unternehmen aufkommt. Eine Tätigkeit als wissenschaftliche:r Mitarbeitende:r liegt zeitlich in den meisten Fällen während oder unmittelbar nach Abschluss des Studiums. Daher steht in den nachfolgenden Ausführungen die *externe* Promotion im Mittelpunkt, auch wenn die meisten der hier beschriebenen Faktoren ebenso für andere Formen von Promotionen gelten.

14 n=359 bis 13.837.

15 „Indikator: Stellenumfang (Vollzeit/Teilzeit)", Themenbereich: Arbeits- und Beschäftigungsbedingungen, zugegriffen 01. Februar 2022, https://nacaps-datenportal.de/indikatoren/A3.html.

## 1.3 Zahlen, Daten und Fakten zur (externen) Promotion

Bereits mit Blick auf die allgemeine Datenlage zum Thema Promotion ist die Aussagekraft limitiert, da es hierzu keine regelhaften systematischen Erhebungen gibt. Zusätzlich erschwert ist die Situation bei der Einschätzung der Abbrecherquote. Der Beginn einer Promotion lässt sich über die Einschreibung an einer Universität noch relativ gut erfassen, obwohl außerhalb eines strukturierten Promotionsprogramms hierbei sicherlich noch eine Dunkelziffer existiert. Beim Abbruch ist eine Auswertung nicht zuletzt dadurch erschwert, dass sich Promovend:innen, die ihre Doktorarbeit u. U. nicht zu Ende schreiben, in der Außendarstellung in einer (längeren) Pause befinden und hoffen, ihre Arbeit irgendwann noch einmal aufzunehmen. Die folgenden Ausführungen sind daher als Orientierung im Sinne einer Gesamtbetrachtung des Themenkomplexes „Berufsbegleitend promovieren" zu sehen.

### Promotionsquote nach Fachrichtungen

Grundsätzlich lässt sich feststellen, dass Absolvent:innen von naturwissenschaftlichen Studiengängen deutlich häufiger eine Dissertation beginnen als dies z. B. bei geistes- oder wirtschaftswissenschaftlichen Abschlüssen der Fall ist. Ein Bericht des Centrum für Hochschulentwicklung (CHE) aus dem Jahr 2019 kam zu dem Ergebnis, dass die Fachbereiche Biologie (86,2 %) und Chemie (78,9 %) das Ranking mit deutlichem Abstand anführen; bei Betriebswirtschaftslehre (7,1 %) und Architektur (5,8 %) fällt das Verhältnis von Absolvent:innen und Promovend:innen am geringsten aus.[16] Insgesamt deckt die Auswertung nahezu den gesamten Prozentbereich ab (von knapp 6 % bis gut 86 %), was als Indiz

16 Cort-Denis Hachmeister, „Im Blickpunkt: Promotionen als Indikator für die Leistung von Hochschulen – Auswertung von Daten des Statistischen Bundesamtes und des CHE Rankings 2019/20" (CHE gemeinnütziges Centrum für Hochschulentwicklung, Juni 2019), https://www.che.de/wp-content/uploads/upload/Im_Blickpunkt_Promotionen_2019.pdf.

dafür gesehen werden kann, dass die Relevanz eines Doktortitels zwischen den untersuchten Fächern deutlich differiert. In einigen Fachrichtungen wie bspw. bei den Naturwissenschaften oder in der Medizin gehört ein „Dr." nahezu regelhaft zur Ausbildung dazu.

## Erfolgsquote

Laut Bundesbericht Wissenschaftlicher Nachwuchs 2017 liegt der prozentuale Anteil erfolgreich abgeschlossener Dissertationen im Bereich der Mathematik/Naturwissenschaften mit 77 % deutlich über den anderen untersuchten Fächergruppen; bei allen anderen untersuchten Disziplinen[17] lag die Erfolgsquote jeweils unter 50 % – als Fazit dieses Untersuchungspunktes wird eine geschätzte *„Erfolgsquote der Promotion"* angegeben, die bei 57 bis 67 % liegt.[18]

Bei diesen Auswertungen gilt es zu berücksichtigen, dass es keine Aufgliederung nach Vollzeit- vs. Teilzeitpromotionen gibt; spezifische Ergebnisse für berufsbegleitende Doktorarbeiten liegen nicht vor. Nicht zuletzt aufgrund der Herausforderungen solcher Konstellationen ist jedoch davon auszugehen, dass die Erfolgsquoten tendenziell geringer ausfallen, wenn parallel ein (Vollzeit-)Job ausgeübt wird. Aus Gesprächen mit Professor:innen, die auch externe Promovend:innen betreuen, lässt sich für dieses Gruppe eine Abbruchquote von 50 % oder gar höher annehmen.

## Promotionsdauer

Hinsichtlich der Dauer einer Dissertation kommt der Bundesbericht Wissenschaftlicher Nachwuchs 2021 zu dem Ergebnis, dass in der Kunst bzw. den Kunstwissenschaften der Promotionsprozess am längsten dauert (ca. sieben Jahre), während in der Hu-

17 Sprach- und Kulturwissenschaften 43 %; Rechts-, Wirtschafts- und Sozialwissenschaften 49% sowie Ingenieurwissenschaften 46%.

18 „Bundesbericht Wissenschaftlicher Nachwuchs 2017: statistische Daten und Forschungsbefunde zu Promovierenden und Promovierten in Deutschland" (Bielefeld: W. Bertelsmann Verlag, 2017), https://doi.org/10.3278/6004603w.

manmedizin bzw. den Gesundheitswissenschaften mit ungefähr dreieinhalb Jahren die Zeit zwischen Beginn und erfolgreichem Abschluss am kürzesten ausfällt; Rechts-, Wirtschafts- und Sozialwissenschaften befinden sich mit ca. fünf Jahren im Mittelfeld der betrachteten Daten.[19] Einen „Ausreißer“ stellt die Doktorarbeit im Fach Medizin dar. Diese wird zumeist bereits parallel zum Studium begonnen und währenddessen noch abgeschlossen; ihre Bearbeitungszeit fällt bisweilen mit einem Jahr oder weniger deutlich geringer aus als in anderen Fachbereichen.[20] Kritische Stimmen bemängeln den oftmals nicht ausreichend hohen wissenschaftlichen Beitrag von Mediziner:innen zur Forschung und fordern daher Anpassungen auf dem Weg zum „Dr. med.“.[21]

Auch hier gilt – analog zu den Ausführungen zur Erfolgsquote –, dass die betrachteten Daten keine Unterscheidung zwischen nebenberuflicher Promotion oder bspw. einer Vollzeittätigkeit als wissenschaftliche:r Mitarbeitende:r an einem Lehrstuhl treffen. Zusätzlich können weitere Unsicherheitsfaktoren hinzukommen, die eine Interpretation erschweren (z. B. Finanzierung der Promotionszeit). Für die allermeisten berufsbegleitenden Dissertationen stellt eine Dauer von drei Jahren ein realistisches Minimum dar, sofern keine dezidierte Auszeit vom Beruf genommen oder der Job vom Zeitumfang spürbar reduziert wird.

## Geschlechts- und altersspezifische Unterschiede

Das Verhältnis von Studentinnen zu Studenten in Deutschland hat sich im Laufe der Jahre in Richtung einer ausgewogenen Ver-

19 *Bundesbericht wissenschaftlicher Nachwuchs.* 4.2021 (Bielefeld: Bertelsmann, 2021).

20 Florian Heil, „Zeitspanne der Promotion: Dauer im Durchschnitt“, academics, zugegriffen 01. Februar 2022, https://www.academics.de/ratgeber/promotion-dauer.

21 Laetitia Grevers, „Dr. med. zu Leichtgemacht“, Süddeutsche Zeitung, zugegriffen 01. Februar 2022, https://www.sueddeutsche.de/bildung/medizinstudium-dr-med-zu-leichtgemacht-1.3473555.

teilung entwickelt.[22] Laut Destatis (Statistisches Bundesamt) lag der Frauenanteil an den bestandenen Promotionen in den Jahren 2018–2020 relativ konstant bei ca. 45 %.[23] Der Bundesbericht Wissenschaftlicher Nachwuchs 2021 führt als weitere Quelle dazu aus, dass bei den *Promovierenden* im Jahr 2018 der Frauenanteil mit 47 % recht nah an einer paritätischen Aufteilung bewegt, jedoch bei den *Promovierten* auf ca. 35 % absinkt (Stand 2019).[24] Potentielle Gründe für diese Differenz können bedeutsame Lebensereignisse wie die Geburt eines Kindes sein, die eine Vereinbarkeit von Dissertation und Mutterrolle im Allgemeinen erschweren oder den persönlichen Stellenwert eines Doktortitels (i. S. einer Depriorisierung) verändern.

Für gewöhnlich schließen Promotionen in naturwissenschaftlichen Fächern zu einem Großteil unmittelbar an den Abschluss des Studiums an – und die Promovend:innen sind in aller Regel noch relativ jung. Im Median beträgt das Alter bei einer abgeschlossenen Promotion in Mathematik bzw. den Naturwissenschaften sowie Humanmedizin/Gesundheitswissenschaften 30 Jahre und steigt lediglich bei Kunst bzw. Kunstwissenschaften auf über 35 Jahre an; über alle betrachteten Fächer kommt die Analyse (im Median) auf 31 Jahre.[25] Mit Blick auf berufsbegleitende Dissertationen kann angenommen werden, dass der Wunsch nach einer akademischen Weiterqualifizierung nach den ersten Berufsjahren aufkommt (Phase der sog. „Young Professionals") und zu einer persönlichen und/oder beruflichen Weiterentwicklung führen soll. Die Altersspanne liegt in den allermeisten Fällen zwischen dem 25. und 35. Lebensjahr. Das Durchschnittsalter bei einer ab-

22 „Studierende nach Bundesländern", Destatis – Statistisches Bundesamt, zugegriffen 01. Februar 2022, https://www.destatis.de/DE/Themen/Gesellschaft-Umwelt/Bildung-Forschung-Kultur/Hochschulen/Tabellen/studierende-insgesamt-bundeslaender.html.

23 „Bestandene Promotionen nach Bundesländern", Destatis – Statistisches Bundesamt, zugegriffen 01. Februar 2022, https://www.destatis.de/DE/Themen/Gesellschaft-Umwelt/Bildung-Forschung-Kultur/Hochschulen/Tabellen/promotionen-bundeslaender.html.

24 *Bundesbericht wissenschaftlicher Nachwuchs.* 4.2021.

25 *Bundesbericht wissenschaftlicher Nachwuchs.* 4.2021.

geschlossenen nebenberuflichen Doktorarbeit dürfte entsprechend tendenziell etwas über den oben genannten Zahlen liegen; offizielle Angaben existieren dahingehend jedoch nicht.

**Key Learnings**

- Die Promotionsquoten differieren stark zwischen den unterschiedlichen Fachbereichen. Während Absolvent:innen von naturwissenschaftlichen Studienfächern eine Dissertation in aller Regel als akademische Weiterqualifikation zeitnah an ihr Studium anschließen, fallen die Werte für Promovierte anderer Abschlüsse zum Teil deutlich ab. Der Doktortitel scheint daher – je nach Fachrichtung – einen unterschiedlichen Stellenwert zu haben.
- Unabhängig von der Form der Promotion („freie" Dissertation oder strukturiertes Promotionsstudium) sowie vom gewählten Fachbereich dürfte die Erfolgsquote einer berufsbegleitenden Promotion in der Breite bei etwa 50 % liegen. Diese Annahme lässt sich aufgrund methodischer Limitationen jedoch kaum empirisch valide belegen.
- Für eine nebenberufliche Dissertation – ohne Reduzierung der Arbeitszeit oder eine Auszeit – sollten *mindestens* drei Jahre eingeplant werden. Je nach individuellen Faktoren (z. B. aktueller Job, Fachbereich, persönliche bzw. familiäre Situation) kann sich dieser Prozess selbst bei ambitionierten Doktorand:innen häufig über fünf Jahre oder gar mehr ausdehnen.

Das nachfolgende Unterkapitel widmet sich einer Thematik, mit der berufsbegleitende Promotionen in der öffentlichen Wahrnehmung öfter konfrontiert sind als „hauptberufliche" Dissertationen. Der Grund hierfür ist das geringere Zeitkontingent von nebenberuflichen Doktorand:innen, das in seltenen Fällen zu unsauberem wissenschaftlichen Arbeiten verleitet. Diese „Ausreißer" finden dafür umso exponierter Eingang in die Berichterstattung (insbesondere bei prominenten Persönlichkeiten) bzw. haben negative Konsequenzen, sodass dieser Aspekt hier kurz aufgegriffen wird.

## 1.4 Plagiate und Täuschungsversuche

Mit dem Begriff Plagiat bezeichnet der Duden die *„unrechtmäßige Aneignung von Gedanken, Ideen o. Ä. eines anderen auf künstlerischem oder wissenschaftlichem Gebiet und ihre Veröffentlichung“ sowie den „Diebstahl geistigen Eigentums“.*[26] In den Kontext von Dissertationen fällt hierbei die Übernahme von Textteilen oder Zitaten fremder Autor:innen, ohne diese Stellen mit einer Quellenangabe zu versehen.

Spezifische Tools wie bspw. PlagScan erlauben inzwischen die Überprüfung akademischer Texte auf „geistigen Diebstahl“, sodass es einfacher wird, solche ausfindig zu machen. Eine bekannte Internetseite, die sich der Aufdeckung von Plagiaten widmet, ist VroniPlag.[27] Mittlerweile existieren zahlreiche öffentliche Beispiele für nicht korrektes bzw. unsauberes wissenschaftliches Arbeiten. Dies betrifft in erster Linie Doktorarbeiten, aber auch andere Formen von Schriften (u. a. Bücher, Masterarbeiten); für Promotionen existiert sogar eine eigene deutsche Wikipedia-Seite (*„Dissertationen mit Plagiaten“*[28]). Wer sich auf dieser Liste wiederfindet, erleidet in jedem Fall einen deutlichen Reputationsverlust und muss u. U. sein (politisches) Amt niederlegen.[29] Im schlimmsten Fall wird der akademische Grad entzogen – einhergehend mit einer umfangreichen medialen Berichterstattung.

---

26 „Plagiat“, Duden, zugegriffen 01. Februar 2022, https://www.duden.de/rechtschreibung/Plagiat.

27 „Mit Leidenschaft für die Wissenschaft“, VroniPlag, zugegriffen 01. Februar 2022, https://www.vroniplag.de.

28 „Liste deutscher Dissertationen mit Plagiaten“, Wikipedia, zugegriffen 01. Februar 2022, https://de.wikipedia.org/wiki/Liste_deutscher_Dissertationen_mit_Plagiaten.

29 „Politiker und Plagiatsvorwürfe: Manch einer verlor sein Amt“, RND - Redaktionsnetzwerk Deutschland, zugegriffen 01. Februar 2022, https://www.rnd.de/politik/politiker-und-doktortitel-so-mancher-plagiatsvorwurf-kostete-den-posten-2L7P74IFQEC2AJQK2VDPJE7GRQ.html.

Prominente Personen, deren Schriften öffentlich diskutiert wurden, sind u. a. Annette Schavan, Karl-Theodor zu Guttenberg, Silvana Koch-Mehrin und Franziska Giffey, denen allesamt der Doktortitel aberkannt wurde. In jüngerer Vergangenheit geriet auch Annalena Baerbock unter Plagiatsverdacht; ihr wurde vorgeworfen, anderweitig bereits veröffentlichte Textteile in ihrem im Vorfeld der Bundestagswahl 2021 erschienenen Buch nicht bzw. nicht korrekt referenziert zu haben; es sollte daraufhin angepasst werden.[30] Zwischenzeitlich entschied sich Baerbock – gemäß einer Pressemitteilung aus Zeitgründen – gegen eine Überarbeitung und Neuauflage des Buchs.[31] Karl-Theodor zu Guttenberg zog sich lange Zeit aus der Öffentlichkeit zurück und absolvierte mittlerweile in England ein Promotionsstudium, das er mit einem PhD abschloss.[32] Sein Plagiatsverfahren war das erste, das in dieser Breite öffentlich diskutierte wurde.[33] Im Kontext der Vorwürfe gegenüber Annalena Baerbock wird diese in einem Zeitungsartikel gar als *„Frau Guttenberg des politischen Sachbuchs“* bezeichnet.[34] Das Ausmaß der Berichterstattung nimmt naturgemäß mit dem Grad der Prominenz zu, jedoch sollten auch weniger bekannte Persönlichkeiten die Auswirkungen von Täuschungsversuchen – vor allem auf ihre berufliche Glaubwürdigkeit – nicht unterschätzen. Neben

---

30 „Baerbock-Buch soll Quellenangaben erhalten“, ZEIT, zugegriffen 01. Februar 2022, https://www.zeit.de/politik/deutschland/2021-07/plagiatsvorwuerfe-annalena-baerbock-buch-quellenangaben.

31 „Baerbocks Buch wird nicht mehr gedruckt“, SPIEGEL, zugegriffen 01. Februar 2022, https://www.spiegel.de/politik/deutschland/annalena-baerbock-buch-der-gruenenchefin-wird-nicht-mehr-gedruckt-a-946db4f9-aff9-4882-b96f-494367c4db84.

32 „Guttenberg darf sich wieder Doktor nennen“, Frankfurter Allgemeine Zeitung, zugegriffen 01. Februar 2022, https://www.faz.net/aktuell/gesellschaft/menschen/ex-verteidigungsminister-guttenberg-ist-wieder-doktor-16902703.html.

33 „Plagiatsaffäre Guttenberg“, Wikipedia, zugegriffen 01. Februar 2022, https://de.wikipedia.org/wiki/Plagiatsaffäre_Guttenberg.

34 „Neue Plagiatsvorwürfe gegen Baerbock – aber auch gegen Laschet und Scholz“, Neue Zürcher Zeitung, zugegriffen 01. Februar 2022, https://www.nzz.ch/international/neue-plagiatsvorwuerfe-gegen-baerbock-aber-auch-gegen-laschet-und-scholz-ld.1645341.

dem Entzug des Titels können prinzipiell auch Bußgelder verhängt werden.[35]

Hochschulen gehen Verdachtsfällen mittlerweile häufiger nach, da ihre Reputation als akademische Einrichtung darunter nachhaltig leiden kann.[36] Universitäten fordern von Doktorand:innen im Rahmen ihrer Promotionsprogramme mitunter das Absolvieren von E-Learnings zum Thema „Gute Wissenschaftliche Praxis" (GWP), das z. B. von der Universität Frankfurt angeboten wird.[37] Gerade bei Unsicherheiten (z. B. bei der Verwendung von Abbildungen oder Grafiken) können solche Kurse die Handlungssicherheit von Promovend:innen erhöhen und das Auftreten von Urheberrechtsverletzungen reduzieren. Die Medizinische Hochschule Hannover (MHH) verpflichtet sich bspw. den Grundsätzen der Deutschen Forschungsgemeinschaft, erhöht damit das Bewusstsein für diese Thematik und trägt zu einer Sensibilisierung unter Studierenden bei.[38]

Abschließend sei darauf hingewiesen, dass Ghostwriting selbstredend keinen Stellenwert bei der Erstellung einer wissenschaftlichen Arbeit haben und somit auch nicht in Zusammenhang mit einer Doktorarbeit gebracht werden sollte. Wer eine berufsbegleitende Promotion eigenständig erfolgreich abschließt, zeigt damit Qualitäten, für die man Anerkennung und Wertschätzung erhält. Diesen Weg mit Hilfe eines Ghostwriters zu gehen, wird womöglich zu einem späteren Zeitpunkt Defizite offenbaren, mit

---

35 „Doktorarbeiten: Welche Strafen drohen bei Plagiaten?", Deutsche Anwaltauskunft, zugegriffen 01. Februar 2022, https://anwaltauskunft.de/magazin/gesellschaft/bildung-forschung/doktorarbeiten-welche-strafen-drohen-bei-plagiaten.

36 David Fischer und Julia Giertz, „Nehmt das, Abschreiber!", SPIEGEL, zugegriffen 01. Februar 2022, https://www.spiegel.de/lebenundlernen/uni/suche-nach-abschreibern-wie-hochschulen-gegen-plagiate-kaempfen-a-892322.html.

37 „Gute Wissenschaftliche Praxis in der Promotion", Goethe Universität Frankfurt am Main, zugegriffen 01. Februar 2022, https://www.uni-frankfurt.de/53981968/Gute_Wissenschaftliche_Praxis_in_der_Promotion.

38 „GWP an der MHH", Medizinische Hochschule Hannover, zugegriffen 01. Februar 2022, https://www.mhh.de/forschung/gute-wissenschaftliche-praxis.

denen man bei *eigenständiger* Bearbeitung des Themas nicht konfrontiert wird.[39]

**Key Learnings**

- Aufgedeckte Plagiatsfälle bei wissenschaftlichen Arbeiten sind sowohl aus Sicht der schreibenden Person als auch für die betreuende Hochschule mit negativen Konsequenzen verbunden; neben einem beidseitigen Reputationsverlust kann Promovierenden der Titel entzogen oder es können Geldstrafen verhängt werden.
- Universitäten versuchen durch Maßnahmen wie (Plicht-)Schulungen zum Thema „Gute Wissenschaftliche Praxis“ oder den Einsatz bestimmter Tools das Auftreten von Täuschungsversuchen einzudämmen oder im Idealfall zu verhindern.
- Auch wenn insbesondere nebenberufliche Promotionen unter einer hohen (zeitlichen) Belastung erstellt werden, sollte – nicht zuletzt zum Nachweis der hierfür erforderlichen Kompetenzen – vom Einsatz eines Ghostwriters zwingend abgesehen werden.

39 Simon Schröder, „Einmal steckte mir eine Frau 1800 Euro in einem Schminktäschchen zu“, SPIEGEL, zugegriffen 01. Februar 2022, https://www.spiegel.de/start/ghostwriting-wie-ein-ghostwriter-arbeitet-und-wem-welche-konsequenzen-drohen-a-0c662e1e-5ebd-4dda-9e4c-ee8c13557981.

# 2 Stellenwert eines Doktortitels in Beruf und Leben

Wenn Du mit dem Gedanken spielst, eine Doktorarbeit zu schreiben, dann erhoffst Du Dir sicher positive Auswirkungen davon. Vor allem bei einer externen Promotion soll sich diese erhebliche Anstrengung schließlich auszahlen. Hiermit muss (und sollte) nicht alleinig der monetäre Faktor gemeint sein, auch wenn es Erhebungen gibt, die belegen, dass ein Doktortitel – in Abhängigkeit vom Studienfach – zu höheren Einstiegsgehältern führen kann.[40]

Um möglichst vollständig auf die Bedeutung eines Doktortitels zu schauen, beschreiben wir bewusst verschiedene Standpunkte und Sichtweisen. Angefangen mit den Hoffnungen von Promovierenden hinsichtlich dieses akademischen Grads im Abgleich mit dem, was uns Betreuer:innen hierzu zurückgemeldet haben. Die Perspektive der Industrie wird von Vertreterinnen mehrerer großer Personalberatungen reflektiert. Auch im Consulting spielt der Doktortitel eine Rolle; diese wird von einem Karriere-Experten einer namhaften Strategieberatung beschrieben. Um zu eruieren, inwieweit die Bedeutung für Industriekarrieren auch für die Gründerszene gilt, befragten wir die Co-CEO eines stark wachsenden Start-ups aus der Gesundheitsbranche. Zwar handelt es sich bei den nachfolgenden Ausführungen um subjektive Stimmen und Erfahrungswerte, in der Gesamtschau zeichnet sich jedoch ein sehr stimmiges Bild vom Stellenwert eines Doktortitels ab.

---

40 „Mehr Gehalt mit Doktortitel: In diesen Studienfächern lohnt sich die Promotion", Gehalt.de, zugegriffen 01. Februar 2022, https://www.gehalt.de/news/mehr-gehalt-mit-doktortitel.

## 2.1 Perspektive Doktorand:innen

Auf Basis zahlreicher Gespräche sowie anhand eines strukturierten Fragebogens konnten wir Kategorien dahingehend ableiten, was sich (angehende) Promovend:innen von dem Schritt einer externen Promotion erhoffen. Um es vorwegzunehmen: Das Erreichen einer bestimmten Position wird selten genannt, wenn es um die Bedeutung dieses Schrittes für das eigene berufliche Fortkommen geht. Wer angibt, den Doktortitel aus Karrieregründen anzustreben, hat eher eine abstrakte Vorstellung davon, welche Relevanz dieser für den weiteren Verlauf der beruflichen Entwicklung hat. Dies mag darin begründet sein, dass sich eine konkrete Zielposition über einen Zeitraum von mehreren Jahren in der Regel schwer planen lässt. Oftmals wird allgemein eine **akademische Weiterqualifikation** als initialer Grund für den Beginn eines solchen Vorhabens genannt – und zwar parallel zur Berufsausübung (um bspw. eine bessere finanzielle Basis zu haben). Somit geht es vielmehr darum, sich Karrierewege offen zu halten (u. U. eine Wissenschaftskarriere), d. h. insgesamt akademisch breiter aufgestellt zu sein.

Der Großteil der mit dem Prozess der Erstellung einer Doktorarbeit verbundenen Erwartungen ist individuell und intrinsisch geprägt. Oft genannt wird hierbei der Wunsch nach **persönlicher Weiterentwicklung**. Dieser kann verschiedene Ausprägungen haben und von einem (hohen) Anspruch an sich selbst über die Bewältigung einer großen Herausforderung reichen, an der man wachsen möchte. Wer bspw. aus einem Nicht-Akademiker-Elternhaus stammt, für den oder die kann ein Doktortitel auch die Selbstverwirklichung eines „familiären Traums“ sein. All diese Gesichtspunkte können in der Summe zu einer Steigerung des Selbstbewusstseins führen und fallen somit in diesen Bereich.

Eine weitere Bedeutung, die der eigenen Dissertation beigemessen wird, liegt im Schaffen eines konkreten **Mehrwerts für die Forschung** – bei einer nebenberuflichen Doktorarbeit idealerweise als Verknüpfung von Wissenschaft und Praxis. Dies kann durch die Beantwortung einer bisher noch nicht untersuchten Fragestellung aus dem eigenen Berufsalltag geschehen.

Neben den beschriebenen intrinsischen Hoffnungen existieren auch einige extrinsische Aspekte, die mit dem Erlangen eines Doktorgrads einhergehen. Über diese wird allerdings nicht so offen gesprochen wie über die oben genannten Ansichten. Sie zielen in erster Linie auf den potentiell höheren **gesellschaftlichen Status** ab. So mag es nach wie vor die ein oder andere (Alltags-) Situation geben, in der man bevorzugt behandelt wird und einem mehr Respekt entgegengebracht wird. Ein Artikel in ZEIT Campus bezeichnet den Doktortitel gar als „Wunschabzeichen", dem insbesondere Politiker:innen in Deutschland eine hohe Bedeutung für ihre Wahrnehmung in der Gesellschaft attestieren und vereinzelt mit wenig fundierten wissenschaftlichen Ausarbeitungen ihre Karriere riskieren (vgl. hierzu Kapitel 1.4).[41] Im beruflichen Kontext wird angenommen, dass Methodenkompetenz bewiesen wurde, die hier und da zu einem Vertrauensvorschuss führt. Diese Punkte unterstützen den Auf- bzw. Ausbau des beruflichen Netzwerks, das wiederum weitere Karriereoptionen ermöglichen kann.

Die nachfolgende Abbildung fasst das Extrakt aus der Befragung der Promovend:innen zusammen (siehe Abbildung 2: Bedeutung eines Doktortitels aus Sicht von Doktorand:innen).

41 Josef Joffe, „Das Wunschabzeichen", ZEIT Campus, 21. Februar 2019, https://www.zeit.de/2019/09/doktortitel-promotion-karriere-dissertation-plagiat-status.

**Abbildung 2: Bedeutung eines Doktortitels aus Sicht von Doktorand:innen (Eigene Darstellung)**

## 2.2 Perspektive Betreuungspersonen

Zunächst einmal blicken Betreuer:innen von Dissertationen relativ nüchtern auf den Stellenwert eines Doktortitels. Dieser stellt aus ihrer Sicht – prägnant formuliert – „lediglich" den **Nachweis zum eigenständigen wissenschaftlichen Arbeiten** dar. Diese Art der systematischen wissenschaftlichen Auseinandersetzung mit einer bisher noch nicht (abschließend) geklärten Forschungsfrage, kann aus ihrer Perspektive einen positiven Einfluss auf die weitere berufliche Entwicklung haben. Begründet wird dies mit dem Erwerb von Kompetenzen, die auf den ersten Blick nicht so deutlich erkennbar sind wie der damit verbundene Titel: Als wesentliche positiv assoziierte Faktoren wurden (Eigen-)Motivation, Selbstdisziplin, Durchhaltekraft, Frustrationstoleranz sowie die Fähigkeit zur Selbststeuerung und zum strukturierten Bearbeiten komplexer Fragestellungen genannt.

Nach Einschätzung der befragten Professor:innen gibt es Fachbereiche, in denen eine erfolgreich abgeschlossene Promotion schlichtweg einen Standard für den weiteren beruflichen Verlauf darstellt. Hierunter fallen in erster Linie naturwissenschaftliche Fächer wie Chemie, Biologie oder auch Medizin (vgl. hierzu Kapitel 1.3). Wer in diesen Fächern *nicht* promoviert hat, kommt fast schon in Erklärungsnot. Umgekehrt existieren allerdings auch Abschlüsse, in denen die Relevanz eines Doktortitels geringer ausfällt als in den genannten Berufsfeldern. Dies können praktische Berufe sein, bei denen eine Promotion mitunter als „Überqualifikation" angesehen wird.

Der eigentliche Prozess der Erstellung einer berufsbegleitenden Dissertation kann für Berufsausübende viele Vorteile bieten. Wer transparent damit umgeht, kann diesen Abschnitt seines Lebens zum **Aufbau eines nachhaltigen Netzwerks** nutzen und Zugang zu spezifischen Informationen erhalten. Das hebt ihn oder sie von eher theoretischen Forschungsfragen ab, die im „stillen Kämmerlein" bearbeitet werden.

Die von uns befragten Betreuer:innen von Doktorarbeiten unterstreichen den oben genannten Punkt der „**Kompetenzvermutung**": Unter Promovierten werden bestimmte Fähigkeiten gegenseitig als gegeben angenommen und erleichtern im beruflichen Kontext stellenweise den Austausch untereinander. Aufgrund der wiederkehrenden Berichterstattung zu Plagiatsfällen gibt es jedoch auch vereinzelt kritische Stimmen zu extern Promovierenden, sofern das Promotionsvorhaben im negativen Sinn „nebenbei" lief und entsprechend wenig wissenschaftlicher Tiefgang zu erwarten ist oder gar unerlaubte Hilfestellungen eingesetzt wurden (vgl. hierzu Kapitel 1.4).

Ob eine erfolgreich absolvierte nebenberufliche Dissertation der Einstieg in eine Forscherkarriere ist, wird aus Sicht der Betreuungspersonen tendenziell skeptisch gesehen, denn in aller Regel stellt dies nicht das Primärziel externer Doktorand:innen dar. Sie haben bereits einen Job außerhalb der Wissenschaft und verfolgen meist andere Zielsetzungen mit einer Promotion. Der Karrierepfad von einer wissenschaftlichen Tätigkeit in die Industrie scheint nach wie vor wahrscheinlicher als der umgekehrte Weg.

Ein wesentlicher Unterschied, wenn nicht gar ein Vorteil externer Doktorarbeiten, liegt in ihrem häufig unmittelbaren **Bezug zu einer relevanten Fragestellung aus der beruflichen Praxis.**

Diese Ausgangslage stellt ein weiteres Differenzierungsmerkmal zu den bisweilen recht theoretischen Abhandlungen im Rahmen wissenschaftlicher Tätigkeiten dar. Gespräche mit Personalverantwortlichen zeigen, dass letztere oftmals nicht als konkrete Berufspraxis angerechnet werden, wenn es um eine Einschätzung relevanter Vorerfahrungen für einen spezifischen Job geht. Mit anderen Worten befinden sich promovierte wissenschaftliche Mitarbeitende nach einer mehrjährigen Phase an einem universitären Lehrstuhl aus Sicht von Recruitern auf einem vergleichbaren „Erfahrungslevel" wie Absolvent:innen nach Abschluss ihres Studiums. Da die externe Promotion im Wortsinn *neben* dem Beruf erstellt wird, sollte klar sein, dass der im Erstellungszeitraum ausgeübte Beruf oberste Priorität hat – dies wird der Arbeitgeber als erste Instanz so sehen, nicht zuletzt da er für die eigentliche Arbeitsleistung das Gehalt bezahlt, nicht für die Weiterqualifikation des Mitarbeitenden.

***„Niemand wird Verständnis dafür haben, dass man aufgrund von Stress in der Dissertation gerade auf der Arbeit nicht performt."***

(Aussage eines Betreuers zum Stellenwert einer berufsbegleitenden Promotion)

Grundsätzlich wird eine Promotion aus Sicht der Betreuer:innen – in Abhängigkeit vom Berufsziel – als „**karrierefördernd**" angesehen; denn auch wenn diese für eine erfolgreiche Berufslaufbahn nicht erforderlich ist, kann sie sich zumindest vorteilhaft äußern. Ein Doktortitel genießt insbesondere in Deutschland nach wie vor ein hohes Ansehen. Aufgrund der vielfältigen Erfahrungen der befragten Professor:innen existiert jedoch ein sehr differenziertes Bild, das nicht alleinig von diesem Punkt geprägt ist. Eine berufsbegleitende Dissertation sollte nicht erzwungen werden, wenn die äußeren Rahmenbedingungen es nicht hergeben. Die für eine wissenschaftliche Arbeit dieses Ausmaßes erforderliche realistische Selbsteinschätzung ist Bestandteil des ersten Schritts der Auseinandersetzung mit dem Thema.[42]

42 Siehe hierzu weitere Ausführungen und Hinweise in Kapitel 3.1.1.

Im Allgemeinen scheint aus Sicht der Betreuungspersonen das Motto zu gelten „je früher, desto besser". Dies wird begründet durch in der Regel weniger stark lebensverändernde (berufliche und private) Ereignisse sowie eine potentiell höhere Leistungsbereitschaft und -fähigkeit. Allerdings ist es nicht ganz einfach, den geeigneten Zeitpunkt für eine nebenberufliche Promotion auszutarieren. Eine gewisse berufliche „Stabilität" (i.S. von konkreten praktischen Erfahrungswerten) kann unterstützend sein, jedoch vermag sich bereits eine erste Führungsrolle auch als Belastung äußern. „Spätpromovierende" sollten diesen Schritt sorgfältig durchdenken; sofern sie sich für eine Doktorarbeit entscheiden, kann diese natürlich auch für sie eine Bereicherung darstellen und neue Möglichkeiten eröffnen.

Die nachfolgende Abbildung fasst die wesentlichen genannten Beweggründe für eine Promotion aus der Perspektive der von uns befragten Betreuungspersonen zusammen (siehe Abbildung 3: Bedeutung einer Promotion aus Sicht von Betreuungspersonen).

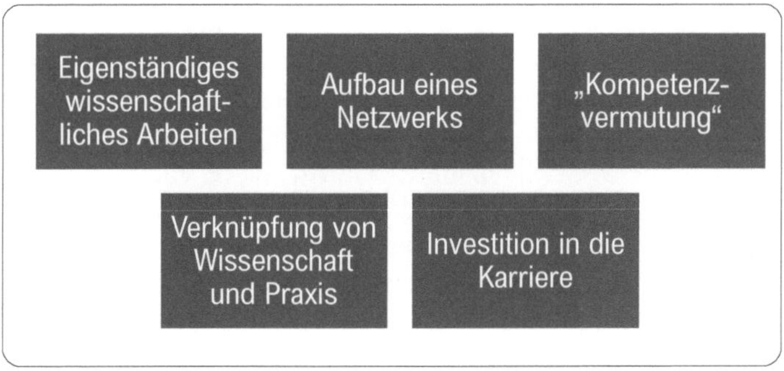


**Abbildung 3: Bedeutung einer Promotion aus Sicht von Betreuungspersonen (Eigene Darstellung)**

Im Sinne eines Zwischenfazits zeigt sich, dass Promovend:innnen und Betreuungspersonen einem Doktortitel vergleichbare Intentionen zuschreiben. In den nachfolgenden Unterkapiteln erweitern wir den Blickwinkel aus dieser bilateralen Interaktion auf der akademischen Seite in Richtung derjenigen, die das Thema Promotion von einem beruflichen Standpunkt aus betrachten.

## 2.3 Perspektive Personalberatungen

Für Personalberatungen gehört die Auseinandersetzung mit beruflicher Entwicklung zum Alltagsgeschäft. Sie sind in der Lage, neben dem Standpunkt von Kandidat:innen auch die Perspektive von Unternehmen einzunehmen. Wir konnten drei erfahrene Personalberaterinnen dafür gewinnen, ihre umfangreichen Erfahrungen in dieses Kapitel zum Stellenwert eines Doktortitels einfließen zu lassen. Aufgrund der Feinheiten und Nuancen der Antworten haben alle drei Interviews in voller Länge Eingang in diesen Abschnitt gefunden.

**Dr. Christine Stimpel** ist Partner der CEO & Board Practice bei Heidrick & Struggles und in Deutschland Vorsitzende des internationalen Verbandes der Executive Search Firmen AESC. In ihrer Rolle besetzt sie Führungspositionen bis hin zum DAX-Vorstand. Christine Stimpel wird auch als *„Deutschlands führende Headhunterin“*[43] und *„Königsmacherin“*[44] bezeichnet. Als promovierte Tiermedizinerin begann sie ihre berufliche Laufbahn in der Pharmaindustrie, wechselte dann jedoch früh ins Personalwesen. Zusätzlich hält sie einen Master of Business Administration (MBA) und kann auf mehr als 100 Publikationen zurückblicken. Neben ihrer Tätigkeit als Personalberaterin ist sie u. a. Mitglied des Beirats der „TUM School of Management“ der Technischen Universität München.[45]

---

43 Inga Michler, „Wie erkennen Sie echte Talente, Frau Stimpel?“, WELT, zugegriffen 01. Februar 2022, https://www.welt.de/podcasts/die-macher/article207912993/Headhunter-Wie-erkennt-Deutschlands-Top-Recruiterin-Talente.html.

44 Katrin Terpitz, „Deutschlands wichtigste Managerinnen“, Handelsblatt, zugegriffen 01. Februar 2022, https://www.handelsblatt.com/unternehmen/management/portraetserie-christine-stimpel-die-koenigsmacherin/4303262-22.html.

45 „Dr. Christine Stimpel“, Heidrick & Struggles, zugegriffen 01. Februar 2022, https://www.heidrick.com/en/people/s/dr-christinestimpel.

1. **Wie wichtig ist aus Ihrer Sicht eine Promotion heutzutage für die berufliche Entwicklung? Was verbindet man allgemein mit einem Doktortitel?**

*Die Promotion ist seit jeher in Deutschland Ausdruck akademischer Exzellenz. Sie zeigt, dass der Inhaber methodisch und analytisch arbeiten kann, bereit ist, Dinge wirklich zu durchdringen. Gleichzeitig signalisiert die Promotion, dass die Person einen gewissen Ehrgeiz besitzt, Hartnäckigkeit und die Bereitschaft, eine Extrameile zu gehen. All das hilft generell bei dem beruflichen Fortkommen.*

2. **Gab es hierbei in den letzten 5–10 Jahren bestimmte Entwicklungen? Erwarten Sie Veränderungen für die Zukunft?**

*Bei der Frage, ob die Promotion bei der beruflichen Karriere hilft, muss man differenzieren. Beim Berufseinstieg ist diese Qualifikation sicherlich ein guter Steigbügel. Allerdings hat die Promotion beim Berufseinstieg inzwischen vom MBA starke Konkurrenz bekommen. Auch im Alter zwischen 30 und 40 Jahren, wenn die ersten Stufen auf der Karriereleiter erklommen werden, spielt die Promotion eine Rolle. Bei zwei ähnlich qualifizierten Kandidaten für eine Beförderung kann die Promotion durchaus den Ausschlag geben.*

*Im obersten Management beobachte ich eine Veränderung in den vergangenen Jahren. Hier hat die Strahlkraft der Promotion eher nachgelassen. So nimmt die Anzahl an promovierten DAX-Vorständen seit geraumer Zeit ab. Grundsätzlich gilt: Je länger eine Karriere, desto weniger spielt die Ausbildung und insofern auch die Promotion eine Rolle.*

3. **Würden Sie sagen, dass branchenspezifische Unterschiede existieren (z. B. Gesundheitswesen, Automobilindustrie, Finanzbereich)?**

*Ja, es gibt Branchen, in denen die Promotion eine größere Bedeutung hat als in anderen. Hierzugehören viele ingenieurgetriebene Geschäftsmodelle wie der Maschinen- und Anlagenbau, die Automobilindustrie, aber auch die Chemie. Die Kernbereiche der deutschen Industrie schätzen Promotionen. Hinzu kommt auch die Pharmain-*

*dustrie. In jüngeren Branchen und der Gründerszene gilt die Promotion jedoch nicht oder nur am Rande als Karrierebeschleuniger.*

4. **Unsere Fokusinterviews ergaben Hinweise dahingehend, dass Frauen einem Doktortitel für die Realisierung ihrer beruflichen Ziele eine höhere Bedeutung beimessen als Männer. Können Sie das aus Ihrer Perspektive und mit ihren Erfahrungswerten bestätigen?**

*Hierzu fehlen mir statistisch relevante Datenpunkte, aber ich könnte mir durchaus vorstellen, dass das richtig ist. Eine Frau mit Doktortitel wird nicht so schnell unterschätzt, es ist klar, dass sie ein hochwertiges Thema durchdrungen haben muss, das generiert Respekt.*

5. **Hätten Sie eine konkrete Empfehlung für diejenigen, die mit dem Gedanken einer berufsbegleitenden Promotion spielen?**

*Man muss sich schon genau überlegen, ob man diesen zusätzlichen Aufwand auf sich nimmt. Ich halte es auch für falsch, nur wegen der Karriere noch eine Promotion zu absolvieren. Man sollte am Fach und am Thema echtes Interesse haben, sonst wird eine berufsbegleitende Promotion nur zur zeitraubenden Last. Vielleicht am wichtigsten: Die berufsbegleitende Promotion darf nicht zu Lasten des eigentlichen Berufs gehen, sonst hat man am Ende möglicherweise mit Zitronen gehandelt.*

**Angela Westdorf** ist Managing Partner bei der Personalberatung Signium und dort seit mehr als 20 Jahren mit Fokus auf Life Sciences und Healthcare tätig. Sie unterstützt Unternehmen unterschiedlicher Größe aus dem Gesundheitssektor bei der Suche nach geeigneten Kandidat:innen für nationale und internationale Führungspositionen.[46]

46 „Angela Westdorf“, Signium, zugegriffen 01. Februar 2022, https://www.signium.de/berater/angela-westdorf/.

1. **Wie wichtig ist aus Ihrer Sicht eine Promotion heutzutage für die berufliche Entwicklung? Was verbindet man allgemein mit einem Doktortitel?**

*Eine Promotion ist in einigen Studienfächern eine mitunter notwendige Voraussetzung, um sich beruflich weiterentwickeln zu können und um Akzeptanz bei Vorgesetzten, Kollegen, Kunden, Kooperationspartnern etc. zu haben. Hierzu gehören z. B. naturwissenschaftliche Studiengänge, Pharmazie und Medizin.*

*Für die berufsbegleitende Promotion kommt dann noch die Möglichkeit der Anknüpfung an berufliche Themen hinzu, was für die weitere berufliche Entwicklung gewinnbringend sein kann.*

*Grundsätzlich werden einer Person mit Doktortitel, insbesondere wenn er im Rahmen eines berufsbegleitenden Studiums errungen wurde, direkt oder indirekt bestimmte Eigenschaften zugeschrieben, wie z. B. Durchhaltevermögen, Leistungsbereitschaft, Fähigkeit sich in Themen tief einzuarbeiten, Resilienz, Organisationsvermögen, wissenschaftliches Interesse, Strukturiertheit etc.*

2. **Gab es hierbei in den letzten 5–10 Jahren bestimmte Entwicklungen? Erwarten Sie Veränderungen für die Zukunft?**

*Im Rahmen der Umstrukturierung und Angleichung der Studienabschlüsse kommt der Promotion nach wie vor besondere Bedeutung zu, da man die Möglichkeit hat, sich dadurch auch im internationalen Umfeld abzugrenzen.*

*Mit der Vereinheitlichung der Dauer von Studiengängen wie Bachelor und Master geht auch zumindest eine Verkürzung der Dauer von Promotionen einher. Gerade wenn der Wunsch existiert, in der Wirtschaft zu arbeiten und nicht eine wissenschaftliche Laufbahn einzuschlagen.*

*Die berufsbegleitende Promotion hat in dem Zusammenhang den Vorteil, dass man parallel schon arbeitet und keine Zeit „verliert".*

3. **Würden Sie sagen, dass branchenspezifische Unterschiede existieren (z. B. Gesundheitswesen, Automobilindustrie, Finanzbereich)?**

*Ja, es existieren Branchenunterschiede und es kommt auch auf die Kultur innerhalb des Unternehmens bzw. auch den Background der Führungskraft (des Unternehmenslenkers) an. In einer Branche oder einem Unternehmen, das sehr hands-on aufgestellt ist (z. B. Handel oder Logistik) und in der der Unternehmenslenker eher ein operativer Macher ist, wird eine Promotion möglicherweise nicht so wertgeschätzt. Für die berufsbegleitend durchgeführte Promotion bedeutet dies umso mehr, sich ein Thema zu suchen, das für den Unternehmenslenker ebenfalls sinnstiftend ist.*

*In Branchen wie dem Gesundheitswesen ist eine Promotion nach wie vor sehr hilfreich und wird oft als gegeben vorausgesetzt. Gerade im Umgang mit Entscheidungsträgern in Politik oder Gesundheitswirtschaft sowie Meinungsbildnern etc. ist eine Promotion hilfreich.*

4. **Unsere Fokusinterviews ergaben Hinweise dahingehend, dass Frauen einem Doktortitel für die Realisierung ihrer beruflichen Ziele eine höhere Bedeutung beimessen als Männer. Können Sie das aus Ihrer Perspektive und mit ihren Erfahrungswerten bestätigen?**

*Auch wenn die Unterschiede inzwischen weniger werden, müssen sich Frauen immer noch sehr stark behaupten und können insofern auch mit einem Doktortitel zeigen, was sie geleistet haben und zu leisten imstande sind.*

*Ergänzend bedeutet die reine Existenz eines Doktortitels nach wie vor, dass man anderen mit Doktortitel rein von der Ansprache her direkt auf Augenhöhe begegnet. Das ist mir auch schon mal als Grund für eine Promotion genannt worden.*

*Darüber hinaus liegt es darin begründet, dass jemandem mit einer Promotion direkt die oben beschriebenen Eigenschaften zugesprochen werden.*

5. **Hätten Sie eine konkrete Empfehlung für diejenigen, die mit dem Gedanken einer berufsbegleitenden Promotion spielen?**

*Suchen Sie sich ein Thema, das Sie im Hinblick auf Ihre beruflichen Ambitionen unterstützt bzw. Ihnen hilft, sich für weiterführende Rollen zu qualifizieren.*

*Suchen Sie sich eher ein wirtschaftsnahes Thema als ein zu wissenschaftlich geprägtes und schneiden Sie es nicht zu sehr auf Ihr aktuelles Unternehmen zu, sondern überlegen eher, welche Fragestellungen oder zukünftigen Themen in Ihrer Branche insgesamt einen wertvollen Input liefern könnten.*

*Beziehen Sie Ihren Vorgesetzten oder/und den Unternehmenslenker in Ihre Überlegungen mit ein. Er sollte Ihre Promotion auch als gewinnbringend und sinnvoll für die weitere Entwicklung seiner Organisation betrachten.*

**Miriam Kessler** ist Managing Partner der Mediatum Deutschland GmbH und kann ebenfalls auf eine lange Berufserfahrung als Personalberaterin zurückblicken. Sie besetzt Führungspositionen über den deutschsprachigen Raum hinaus in Europa und auch Nordamerika. Aufgrund ihrer breitgefächerten Expertise ist sie in der Lage, den Stellenwert eines Doktortitels für Karrieren in der Industrie branchen- und länderübergreifend einzuschätzen. Ihr Fokus liegt aktuell auf der Pharma- und Biotechbranche, jedoch kann sie auch auf Erfahrungswerte aus der Konsumgüter- und Venture Capital-Industrie zurückgreifen.[47]

1. **Was verbindet man allgemein mit einem Doktortitel?**

*In Deutschland, wo der Doktortitel offiziell ein Namenszusatz ist, wird dieser insbesondere im beruflichen aber durchaus auch im privaten Kontext immer noch stark geführt – vor allem in der Generation 40+. Man verbindet mit dem Doktortitel harte Arbeit, das in die Tiefe gehende Auseinandersetzen mit einem wissenschaftlichen*

47 „Miriam Kessler", Mediatum, zugegriffen 01. Februar 2022, https://bit.ly/3uR4oHS.

*Thema sowie die Möglichkeit einer akademischen Karriere. In diesem Zusammenhang darf nicht vergessen werden, dass es in Deutschland bis vor wenigen Jahren noch keine Unterscheidung in Bachelor- oder Master-Abschlüsse gab, sondern dass jede:r, der/die sein/ihr Studium an einer deutschen Hochschule (nicht FH) abgeschlossen hatte, automatisch auf Masterniveau lag (Magister, Diplom, Staatsexamen). Die Promotion stellte damit auch die Möglichkeit dar, sich „vom Rest" abzugrenzen und einen höheren Abschluss zu erreichen.*

2. **Wie wichtig ist aus Ihrer Sicht eine Promotion heutzutage für die berufliche Entwicklung? Gab es hierbei in den letzten 5–10 Jahren bestimmte Entwicklungen? Erwarten Sie Veränderungen für die Zukunft?**

*Ganz allgemein gesprochen, sehen wir, dass sich die Wichtigkeit einer Promotion für die berufliche Entwicklung verringert. An die Stelle einer Promotion rücken immer mehr „double degree programs", wo ein Bachelor- und/oder Masterstudium parallel an zwei Universitäten abgeschlossen wird: einer deutschen und einer ausländischen Universität. Oder man absolviert besonders den Master an einer ausländischen Universität. Es gilt mehr und mehr, lieber schnell in das Berufsleben einzusteigen und dann später noch einen berufsbegleitenden MBA an einer namhaften Universität abzuschließen. Der Promotionstitel wird häufig nicht mehr als Namenszusatz geführt, was man auch gut in den beruflichen Netzwerken wie LinkedIn beobachten kann. Die Promotion wird dort zwar – natürlich – bei der Ausbildung angegeben, der Doktortitel jedoch nicht mehr oben beim Namen aufgeführt. Hier wird der angloamerikanische Einfluss deutlich, wo der PhD nur selten als Namenszusatz in E-Mail-Signaturen oder eben auf LinkedIn genannt wird.*

*Betrachtet man die Wichtigkeit einer Promotion für die aktuelle berufliche Entwicklung, so kommt es darauf an, wo man sich auf dem Karriereweg befindet: steht der Sprung in den Vorstand eines Mittelstandsunternehmens oder eines Großkonzerns an, so ist die Promotion momentan immer noch ein wichtiges Unterscheidungsmerkmal und auch ein strategischer Vorteil. Geht es um eine Einstiegsposition oder um einen „Young Professional"-Karriereschritt, so spielen eine internationale Ausbildung, gute Netzwerke sowie zielgerichtete Praktika eine immer größere Rolle.*

*Branchenübergreifend vermuten wir, dass sich die Entwicklung fortsetzt: die Promotion wird weniger als Karrieremotor genutzt, sondern mehr als intensives Auseinandersetzen mit einem wissenschaftlichen Thema aus individuellem Interesse. Anstelle der Promotion treten die zielgerichtete Wahl einer (für das jeweilige Studienfach) namhaften Universität, welche über ein aktives Alumni-Netzwerk und Mentorenprogramm verfügt, sowie das international absolvierte Studium.*

**3. Würden Sie sagen, dass branchenspezifische Unterschiede existieren (z. B. Gesundheitswesen, Automobilindustrie, Finanzbereich)?**

*Branchenübergreifend existieren starke Unterschiede. Ich selbst arbeite für die Pharma- und Biotechindustrie, und hier ist die Promotion für viele Bereiche nicht nur karrierefördernd, sondern unabdingbar. Ein Studium der Biologie, Chemie und Medizin – weniger der Pharmazie – gilt hier fast als „nicht vollendet", wenn die Promotion fehlt. Positionen in der Forschung und Entwicklung werden fast ausschließlich nur an promovierte Wissenschaftler:innen vergeben, meistens an solche, die sich während ihrer Promotion bzw. des nachfolgenden Postdocs auf ein bestimmtes, für das jeweilige Unternehmen relevante Thema fokussiert haben.*

*Die Pharmabranche ist insgesamt auch eher als konservativ einzuschätzen, sodass hier eine Promotion auch in nicht forschungsbezogenen Positionen wie Marketing, Sales oder Finanzen eine größere Rolle spielt als in anderen Industrien. Schaut man sich den Vorstand in (deutschen) Pharmaunternehmen an, so ist ein Großteil der Mitglieder – funktionsübergreifend – promoviert.*

*Ähnlich ist der Fall im Ingenieurwesen und damit in der Technik- oder auch Automobilindustrie, wobei etwas weniger stark ausgeprägt als in Pharma. In anderen Branchen wie dem Finanzbereich, der Start-up-Welt etc. sehen wir eher die unter Frage 2 beschriebenen Trends der über ein gutes Netzwerk verfügenden jungen Menschen, die sich in den sozialen Netzwerken zu präsentieren wissen und auf Kontakte setzen.*

4. **Unsere Fokusinterviews ergaben Hinweise dahingehend, dass Frauen einem Doktortitel für die Realisierung ihrer beruflichen Ziele eine höhere Bedeutung beimessen als Männer. Können Sie das aus Ihrer Perspektive und mit ihren Erfahrungswerten bestätigen?**

*Nein, das können wir nicht bestätigen. Im Gegenteil: abgesehen von den unter Frage 3 beschriebenen forschungsorientierten Studiengängen der Naturwissenschaften sehen wir auch bei jungen Frauen den Trend zur Internationalisierung des Studiums und zur besseren Pflege des Netzwerks. Gerade Frauen sind sich sehr bewusst, dass sie in Bezug auf das Netzwerken und die Visibilität Nachholbedarf haben und fokussieren sich hier stark. Sie stellen sich vermehrt die Frage, ob eine zeitintensive Promotion ihnen wirklich den beruflichen Vorteil schafft, den sie benötigen; gerade auch im Hinblick auf die Vereinbarkeit von Karriere und Kindern.*

5. **Hätten Sie eine konkrete Empfehlung für diejenigen, die mit dem Gedanken einer berufsbegleitenden Promotion spielen?**

*Eine Promotion ist eine herausragende wissenschaftliche Leistung und wird dadurch immer ihren Stellenwert gerade im konservativen deutschen Markt – branchenübergreifend – haben. Statt eine Promotion direkt auf das Ende des Masterstudiums folgen zu lassen, empfehlen wir in der Tat häufig eine berufsbegleitende Promotion, besonders bei den nicht naturwissenschaftlichen Fächern, wo man sonst Gefahr läuft, weit weg von der Arbeitswelt zu promovieren. Viele große Unternehmen bieten Promotionsstellen an, und es empfiehlt sich, bereits während des Masterstudiums dort Praktika zu machen und eigene Netzwerke zu pflegen. Wenn man rein wegen der Karriereoptionen promoviert, so ist es sicherlich auch nicht verkehrt, darauf Wert zu legen, dass das Thema für die Branche relevant ist, für die man sich interessiert.*

## 2.4 Perspektive Consulting

Für Berufseinsteiger:innen in Unternehmensberatungen stellt sich oftmals nach wenigen Jahren die Frage nach einer akademischen Weiterqualifizierung. Hierbei können – neben einer Auszeit für z. B. soziale Projekte – berufsbegleitend zwei typische Richtungen eingeschlagen werden: eine Dissertation oder ein MBA. Da diese Optionen in erster Linie von größeren Beratungshäusern angeboten werden, sprachen wir mit einem Vertreter eines führenden Consulting-Unternehmens.

**Ilkay Boramir** arbeitet als Head of Talent Acquisition bei Strategy& (ehemals Booz & Company), der Strategieberatung der weltweit tätigen Wirtschaftsprüfungsgesellschaft PricewaterhouseCoopers (PwC). In dieser Rolle sucht er für das Unternehmen berufserfahrene Mitarbeiter:innen mit unterschiedlichen Ausbildungshintergründen.[48] Nicht zuletzt durch die Aufgabenschwerpunkte bei seinem vorherigen Arbeitgeber, der Unternehmensberatung Horváth & Partners Management Consultants, kann er auf weitreichende Erfahrungen im Bereich des Recruitings und Employer Brandings zurückblicken.[49]

1. **Wie wichtig ist aus Ihrer Sicht eine Promotion heutzutage für die berufliche Entwicklung? Was verbindet man allgemein mit einem Doktortitel?**

*Als Strategieberatung werden wir täglich mit den unterschiedlichsten aktuellen Herausforderungen unserer Klienten konfrontiert. Diese Herausforderungen sind meist neuartig und komplex und erfordern in der Regel fachliche Tiefe als auch methodisches Können, um zu erfolgreichen Lösungen zu kommen. Beides sind Aspekte, die man auch mit einer Promotion verbindet. Bei Strategy& bieten wir unseren Mit-*

48 „Ilkay Boramir“, Strategy&, zugegriffen 01. Februar 2022, https://www.strategyand.pwc.com/de/de/contacts/i/ilkay-boramir.html.

49 „Neuer Head of Recruiting bei Strategy&“, Haufe, zugegriffen 01. Februar 2022, https://www.haufe.de/personal/personalszene/neuer-head-of-recruiting-bei-strategy_74_376318.html.

*arbeiter:innen ein Sponsorship – also ein Förderungsprogramm – zur akademischen Weiterbildung an, welches entweder zur Anfertigung einer Dissertation (PhD) oder zur Erlangung eines Masters of Business Administration (MBA) genutzt werden kann. Die akademische Weiterbildung ist für uns ein wichtiger Baustein im Rahmen des gesamthaften Weiterbildungsangebots an unsere Mitarbeiter:innen, die wir finanziell und durch Freistellungsphasen aktiv unterstützen. Die Wahrnehmung eines Weiterbildungsangebots ist jedoch keine Voraussetzung für eine erfolgreiche Karriere bei Strategy&. Vielmehr möchten wir die Möglichkeit bieten, über einen Zeitraum von bis zu 24 Monaten aus dem Projektgeschäft auszusteigen und sich fokussiert und vertieft mit aktuellen wissenschaftlichen Fragestellungen auseinanderzusetzen. Der Wiedereinstieg nach der Promotionszeit ist garantiert und die Forschungserkenntnisse fließen nach Rückkehr häufig auch in die Beratungstätigkeit oder die Entwicklung von neuen Ansätzen ein. Der Doktortitel belegt auch, dass man komplexe wissenschaftliche Fragestellungen meistert und stützt somit die wahrgenommene Kompetenz zusätzlich – sowohl in dem bearbeiteten Fachgebiet als auch hinsichtlich methodischer Fähigkeiten.*

**2. Gab es hierbei in den letzten 5–10 Jahren bestimmte Entwicklungen? Erwarten Sie Veränderungen für die Zukunft?**

*Wir nehmen wahr, dass sowohl der Anteil promovierter Bewerber:innen als auch die Nachfrage nach akademischer Weiterqualifizierung bei uns über die vergangenen Jahre insgesamt recht stabil ist. Daher leiten wir daraus ab, dass die Aufnahme einer (meist wirtschaftswissenschaftlich orientierten) Promotion auch für beratungsaffine Absolventinnen und Absolventen grundsätzlich unverändert hoch besteht, wenngleich hier sicherlich fachspezifische Unterschiede bestehen. So verfügen Kandidat:innen mit naturwissenschaftlichem oder medizinischem Hintergrund häufiger über einen Doktortitel als beispielweise Bewerber:innen aus den Wirtschaftswissenschaften, was sicherlich mit der grundsätzlichen Verteilung der Promotionsquoten in den unterschiedlichen Fachrichtungen erklärbar ist. Wir beobachten zudem mittlerweile häufiger, dass kumulativ promoviert wird und nicht mehr so häufig in Form einer Monographie – dies sowohl bei Bewerber:innen als auch bei Kolleg:innen, die berufsbegleitend promovieren. Ebenso ist die Nachfrage nach MBA-Programmen von Naturwissenschaftler:innen in der Regel höher als von Wirtschaftswissenschaftler:innen. In der freien Wirtschaft scheint die Wichtigkeit des Doktortitels für Top-Positionen abzunehmen, wie ja auch Studien zeigen.*

**3. Würden Sie sagen, dass branchenspezifische Unterschiede existieren (z.B. Gesundheitswesen, Automobilindustrie, Finanzbereich)?**

*Das würde ich zumindest erwarten und vermuten, dass es branchenspezifische Unterschiede hinsichtlich konkreter Einstellungsvoraussetzungen, Anzahl promovierter Mitarbeiter:innen oder auch angebotener Promotions-Förderprogramme gibt. So ist erwartbar, dass z. B. im Gesundheitswesen aufgrund der hohen Anzahl an Mediziner:innen und Naturwissenschaftler:innen – Fächer, in denen die Promotionsquote in Deutschland dem CHE nach ja zwischen 50 bis über 80 % liegt – der Anteil an Promovierten spürbar höher ausfallen sollte, der Titel hier aber häufig nicht als Zusatzqualifikation, sondern vielmehr als Basisqualifikation angesehen wird. Unternehmen der produzierenden Industrie wie beispielsweise Automobilhersteller und -zulieferer oder Maschinenbauer sind besonders beliebt bei Absolvent:innen der Ingenieurwissenschaften. Unter ihnen ist die Promotionsquote zwar etwas geringer, ein Dr.-Ing. ist jedoch ebenso vielfach ein Beleg für tiefe fachliche Expertise gerade auch in bestimmten fachlichen Spezialgebieten – z. B. Forschung und Entwicklung – und kann daher auch ein Karrierebeschleuniger sein. Die Unternehmens- und Strategieberatung gehört vermutlich zu den Branchen, die die berufsbegleitende Erlangung eines Doktortitels durch strukturierte Förderprogramme und Auszeiten am stärksten unterstützt. Die Entscheidung für eine berufsbegleitende Promotion ist meinem Eindruck nach bei vielen Berater:innen stark intrinsisch motiviert und erfolgt weniger aus Karrieregesichtspunkten – die Karrierewege sind gerade in unserer Branche in der Regel strukturiert und klar vorgegeben.*

4. **Unsere Fokusinterviews ergaben Hinweise dahingehend, dass Frauen einem Doktortitel für die Realisierung ihrer beruflichen Ziele eine höhere Bedeutung beimessen als Männer. Können Sie das aus Ihrer Perspektive und mit ihren Erfahrungswerten bestätigen?**

*Wir erkennen zumindest bei uns keine geschlechterspezifischen Unterschiede, wenn es um das Interesse an oder die Aufnahme von berufsbegleitender akademischer Weiterbildung geht. Wir haben bei Strategy& ein globales Karrieremodell, das die Entwicklung unserer Kolleg:innen sowie unsere strategische Vision unterstützt. Diesem Modell liegen klare leistungs- und persönlichkeitsbezogene Anforderungskriterien zugrunde, die man auf unterschiedlichen Leveln erfüllen muss, um die nächste Stufe zu erreichen. Regelmäßig stattfindende umfangreiche Bewertungsprozesse zu Leistung und persönlicher Entwicklung führen zu einem Höchstmaß an Objektivität im gesamten Beförderungsprozess und stellen sicher, dass allen Berater:innen im Unternehmen dieselben Möglichkeiten der persönlichen Karriereentwicklung offenstehen – unabhängig von etwaiger postgradualer Weiterbildung.*

5. **Hätten Sie eine konkrete Empfehlung für diejenigen, die mit dem Gedanken einer berufsbegleitenden Promotion spielen?**

*Die mögliche Dauer für die berufsbegleitende Promotion ist in der Regel zeitlich begrenzt. Daher ist es aus meiner Sicht enorm wichtig, dies als Projekt mit klarer Planung und Strukturierung, definierten Meilensteine und realistischen Zielen zu verstehen, die man sich für den gewählten Zeitraum setzt. Eine der ersten Fragen sollte sein, welche Zielsetzung man persönlich mit der Promotion verbindet.*

*Einer wissenschaftlichen Karriere liegt eher selten eine berufsbegleitende Promotion zugrunde. Eine weitere zentrale Frage ist sicherlich, ob die Promotion tatsächlich „berufsbegleitend“ stattfindet, also neben der beruflichen Tätigkeit abends, am Wochenende und an Sonderurlaubstagen. Oder ob eine „Auszeit“ mit ausschließlichem Fokus auf das Projekt genommen werden kann. Hinsichtlich der Wahl des Forschungsthemas oder Themenspektrums sowie für die Wahl des Doktorvaters oder der Doktormutter sollte man genügend Zeit vorab für die Recherche zu bereits bestehenden Publikationen und Forschungsergebnissen einplanen. Und nicht zuletzt kann je nach Forschungsfrage und Themenstellung relevant sein, welches Kontaktnetzwerk aus Wissenschaft und/oder Praxis man nutzen oder sich erschließen sollte. Auch hierbei können Kolleg:innen hilfreich sein, die selbst (berufsbegleitend) promoviert haben.*

## 2.5 Perspektive Start-up

Im Kontext der Recherche für das Buch kam die Frage auf, ob der Stellenwert eines Doktortitels zwischen einer „klassischen" Industrie- oder Beratungskarriere im Vergleich zur Gründerszene abweicht. Nicht selten schlagen ehemalige Unternehmensberater:innen den Weg in die Selbständigkeit ein und gründen mit der gesammelten Expertise aus zahlreichen Beratungsprojekten eine eigene Firma. Inwiefern ein Doktortitel dann (noch) von Relevanz ist, wollten wir daher genauer verstehen.

**Eva-Maria Meijnen** ist Co-CEO des Berliner Start-ups „PlusDental" und führt das Unternehmen mit zwei Kollegen. Sie wurde im Jahr 2021 vom Handelsblatt als eine der 50 einflussreichsten Frauen in der Tech-Branche benannt.[50] Im Rahmen ihres Engagements für „Makers of Tomorrow" nahm sie u. a. an einer Videokonferenz mit Dr. Angela Merkel teil und gab dabei Einblicke in ihre Rolle und die Arbeit als Geschäftsführerin einer Firma, die sehr ambitionierte Ziele verfolgt. So möchte sie Deutschlands erstem frauengeführten Start-up vorstehen, das eine Marktbewertung von mindestens einer Milliarde Dollar erhält.[51] Da Eva-Maria Meijnen

50 „Die Stunde der Frauen: Das sind die 50 einflussreichsten Frauen der deutschen Tech-Branche", Handelsblatt, zugegriffen 01. Februar 2022, https://www.handelsblatt.com/unternehmen/management/technologie-die-stunde-der-frauen-das-sind-die-50-einflussreichsten-frauen-der-deutschen-tech-branche/27486020.html.

51 Paula Zoe Kessler, „Ihr Unternehmen soll Deutschlands erstes frauengeführtes Milliarden-Start-Up werden", FOCUS, zugegriffen 01. Februar 2022, https://bit.ly/3te36W7.

vor ihrer Tätigkeit als Unternehmerin umfassende Industrie- und Consultingerfahrung sammeln konnte, ist sie eine hervorragende Gesprächspartnerin, um den Stellenwert eines Doktortitels aus der Sicht eines Start-ups differenziert einzuordnen.

1. **Wie wichtig ist aus Ihrer Sicht als Co-CEO eines Start-ups eine Promotion heutzutage für die berufliche Entwicklung? Was verbinden Sie allgemein mit einem Doktortitel?**

*Mit einer Promotion verbinde ich die intensive Auseinandersetzung mit einem Thema, die strategisches Denkvermögen und die Durchdringung komplexer Sachverhalte fördert. Dies ist für bestimmte Fachrichtungen eine sinnvolle Ergänzung zu den im Studium erworbenen Kenntnissen und Kompetenzen.*

*Viele meiner Kommilitoninnen und Kommilitonen haben sich nach Abschluss ihres Studiums für eine Promotion entschieden. Häufig lag die Motivation für die Promotion weniger im Interesse an wissenschaftlicher Arbeit oder in der intensiven Auseinandersetzung mit einer bestimmten Fragestellung, sondern im Erlangen des Titels begründet. Ein Doktortitel sorgt für Respekt – im Berufsleben und im Alltag.*

2. **Erwarten Sie, dass sich der Stellenwert eines Doktortitels in den kommenden 5–10 Jahren in dem Bereich, in dem Sie aktuell tätig sind, verändert?**

*Aus meiner Sicht hat der Titel an sich im Bereich des Start-ups bereits heute geringe Relevanz. Mitarbeiter:innen können innerhalb weniger Jahre in sehr verantwortungsvolle Positionen aufsteigen, allein auf Basis ihrer Arbeitsergebnisse und nicht auf Basis akademischer Abschlüsse.*

*Allerdings ist ein besonderes Know-how oder eine innovative Idee häufig der Ausgangspunkt für eine erfolgreiche Unternehmensgründung. Die Promotionszeit – nicht der Titel – kann ein hervorragender Nährboden für innovative Produktideen sein.*

3. **Sie waren selbst bei globalen Konzernen sowie im Consulting tätig. Würden Sie sagen, dass es hinsichtlich der Relevanz eines Doktortitels Unterschiede zwischen solchen Unternehmen und Start-ups gibt?**

*Sowohl im Konzern als auch in der Beratung habe ich einen Doktortitel bei Vorgesetzten sowie Kundinnen und Kunden durchaus als relevant empfunden. Der Doktortitel galt als Gütesiegel, vor allem im deutschsprachigen Raum.*

*Wenn ich das Verhältnis von Aufwand und Nutzen einer Promotion im Start-up Kontext beurteile, komme ich zu einer anderen Einschätzung. Die praktische Erfahrung und die Fähigkeit gelernte Inhalte sofort anwenden zu können stehen im Vordergrund. Gerade in den frühen Phasen eines Start-ups kommt es weniger darauf an, Themen tiefgründig zu analysieren, sondern vielmehr aus den vorhandenen – oftmals lückenhaften Informationen – die richtigen Schlüsse zu ziehen und wirksame Maßnahmen schnell umzusetzen. Unternehmerisches Urteilsvermögen und Schlagkraft werden aus meiner Sicht im Rahmen einer Promotion nicht gefördert.*

4. **Unsere Fokusinterviews ergaben Hinweise darauf, dass Frauen einem Doktortitel für die Realisierung ihrer beruflichen Ziele eine höhere Bedeutung beimessen als Männer. Können Sie das aus Ihrer Perspektive und mit ihren Erfahrungswerten bestätigen?**

*Meine persönliche Erfahrung ist es, dass Frauen oftmals härter ihre Kompetenz unter Beweis stellen müssen. Ich kann mir vorstellen, dass ein Doktortitel in einem traditionellen, deutschen Umfeld Vorteile hat.*

5. **Was würden Sie Mitarbeiter:innen Ihrer Firma empfehlen, die mit dem Gedanken einer berufsbegleitenden Promotion spielen?**

*Grundsätzlich unterstütze ich ambitionierte und talentierte Mitarbeiter:innen auch bei einer weiteren akademischen Qualifizierung. Ich rate talentierten Mitarbeiter:innen allerdings eher zu einer Weiterqualifizierung mittels MBA, als zu einer berufsbegleitenden Promo-*

*tion, da ich hier einen höheren unternehmerischen und persönlichen Nutzen sehe. In einem internationalen Umfeld verliert der Doktortitel zusätzlich an Relevanz aus meiner Sicht.*

## 2.5 Exkurs: Promotion versus MBA

Mitarbeitende mit der Absicht, sich akademisch weiter zu qualifizieren, stehen oftmals vor der Frage „Soll ich einen Doktortitel anstreben oder lieber einen MBA machen?". In Unternehmensberatungen, die eine dezidierte Auszeit vom Berufsalltag zur persönlichen Weiterentwicklung anbieten, ist der MBA eine regelhaft angebotene Option, z. B. für Fellows bei McKinsey.[52]

Kandidat:innen können mit der Entscheidung für eine Promotion oder einen MBA bereits bestimmte **Weichen hinsichtlich der weiteren beruflichen Entwicklung** stellen. So haben MBA-Studentinnen und -Studenten häufig keinen wirtschaftswissenschaftlichen Hintergrund und möchten ihr Profil (z. B. nach einem naturwissenschaftlichen Studium) in relativ kurzer Zeit mit betriebswirtschaftlichen Fachkenntnissen anreichern; sie erhoffen sich davon breitere Einsatzmöglichkeiten im Unternehmen – bis hin zu einer Position im oberen Management.[53] Promovierende zielen zumeist auf die vertiefende Bearbeitung einer spezifischen Fragestellung ab, um sich einen Status als Expert:in zu erarbeiten. Hierzu ist eine tendenziell wissenschaftlichere Arbeitsweise und Methodik erforderlich, während im Rahmen einer MBA-Ausbildung zusätzlich andere Faktoren wie „Soft Skills" oder Praxisbeispiele (sog. „Case Studies") mehr Augenmerk erhalten. Auch strukturierte Promotionsprogramme blicken mittlerweile stellenweise über den „akademischen Tellerrand" und schließen Seminare zu Themen der Persönlichkeitsentwicklung in ihre Studienanforderungen mit ein.

52 „Entwicklungspfade bei McKinsey", McKinsey & Company, zugegriffen 1. Februar 2022, https://karriere.mckinsey.de/einstieg/consulting-bei-mckinsey/einstiegspositionen.

53 Catalina Schröder, „Titelduell – MBA versus Doktor", e-fellows.net, zugegriffen 01. Februar 2022, https://www.e-fellows.net/Studium/Studiengaenge/Promotion/Wissenswertes-zur-Promotion/MBA-oder-Promotion.

Ein weiterer Aspekt, der oftmals eher mit dem MBA verbunden wird, ist die Bedeutung des persönlichen **Netzwerks**, das man sich im Rahmen einer solchen Ausbildung aufbaut. Während bei einer Promotion sehr gezielte Kontakte zu Expert:innen aufgebaut werden können (z. B. bei Poster-Präsentationen auf Kongressen), werden beim MBA meist breitere Kontakte geknüpft. Nicht wenige Absolvent:innen erhoffen sich davon eine berufliche Weiterentwicklung – mit entsprechenden Gehaltssteigerungen.[54] Je elitärer die Universität, desto bedeutsamer vermag diese Komponente der Ausbildung werden.

Nicht unwesentlich bei der Entscheidungsfindung kann auch der mit einer solchen Weiterqualifizierung verbundene **Kostenaufwand** sein. Zwar gibt es auch (private) Promotionsstudiengänge, die mit Studiengebühren um die 20.000 Euro verbunden sind, bei einem renommierten MBA-Programm stellt dies jedoch in aller Regel die Untergrenze dar. An amerikanischen Elite-Universitäten können die Kosten durchaus in den sechsstelligen Bereich gehen.[55] Bei öffentlichen Hochschulen fallen meist lediglich die regulären Studiengebühren an, die einen Bruchteil der Kosten eines MBA verursachen.

Auch der **Zeitfaktor** kann ein entscheidendes Differenzierungskriterium sein: Während eine berufsbegleitende Promotion in den allermeisten Fällen mindestens drei Jahre in Anspruch nimmt, fällt die Zeitspanne für einen nebenberuflichen MBA mit 18 bis 30 Monaten geringer aus.[56]

Zusammenfassend lässt sich sagen, dass der Stellenwert eines MBA in den letzten Jahren zugenommen hat und in seiner Bedeutung hinsichtlich der Karriere einem Doktortitel durchaus ähnelt;

---

54 „MBA Studium - Was ist das eigentlich?“, MBA-Studium.de, zugegriffen 1. Februar 2022, https://www.mba-studium.de/infos/mba-was-ist-das/.

55 „MBA-Kosten in den USA: Mehr als 200.000 Dollar“, MBA Journal, zugegriffen 01. Februar 2022, https://www.mba-journal.de/mba-kosten-in-den-usa-mehr-als-200-000-dollar/MBA-Kosten in den USA: Mehr als 200.000 Dollar.

56 „MBA-Fernstudium“, Süddeutsche Zeitung, zugegriffen 01. Februar 2022, https://bildung.sueddeutsche.de/kategorie/mba-fernstudium/.

mit ihm wird Generalisten-Know-how verbunden, während eine Promotion für Spezialwissen in einem spezifischen Thema steht.[57]

Analog zum Entschluss für oder gegen eine Promotion, stellt somit auch die Frage „Doktortitel oder MBA?“ eine sehr persönliche Abwägungsentscheidung dar, für die es gute Gründe in die eine oder andere Richtung gibt.[58] Falls Du vor der Frage „MBA oder Promotion?“ stehst, dann sollte Dir bewusst sein, welche Ausgangslage Du für Deine Karriere schaffen möchtest. Die nachfolgende Tabelle fasst die aus unserer Sicht wesentlichen Punkte noch einmal prägnant zusammen (siehe Tabelle 1: Vergleich Promotion vs. MBA).

**Tabelle 1: Vergleich Promotion vs. MBA (Eigene Darstellung)**

| | **Promotion** | **MBA** |
|---|---|---|
| **Akademische Grundlage** | Alle Fachbereiche möglich | In der Regel keine BWL-Ausbildung |
| **Dauer (berufsbegleitend)** | In der Regel 3–5 Jahre | Ca. 1,5–2,5 Jahre |
| **Übergeordnetes Ziel** | Expertenstatus | Generalistenstatus |
| **Originärer Fokus** | Wissenschaftliche Karriere, vertiefende Bearbeitung einer spezifischen Fragestellung | Breitere Einsatzmöglichkeit im Unternehmen, oberes Management |
| **Inhalte/ Schwerpunkte** | Fach- und Methodenkompetenz | BWL-Expertise |
| **Ausrichtung Karriere** | Eher national | Oftmals international |
| **Kosten der Ausbildung** | Gering bis mittel | Mittel bis hoch |
| **Networkingaspekt** | Fokus auf Thema/Inhalt | Fokus auf Entwicklung/ Karriere |

57 Julia Felicitas Allmann, „Für wen sich ein Doktortitel im Job auszahlt“, Manager Magazin, zugegriffen 01. Februar 2022, https://www.manager-magazin.de/unternehmen/karriere/wann-sich-eine-promotion-fuer-den-job-lohnt-a-1227334.html.

58 Kirstin von Elm, „Bei der Titeljagd muss man sich rechtzeitig entscheiden“, WELT, zugegriffen 01. Februar 2022, https://www.welt.de/wirtschaft/karriere/bildung/article13895466/Bei-der-Titeljagd-muss-man-sich-rechtzeitig-entscheiden.html.

Zwar vergleicht die Gegenüberstellung die Abschlüsse Promotion und MBA, es gibt allerdings nicht wenige Berufstätige, die *beide* Abschlüsse vorweisen können. Hierbei handelt es sich zumeist um Absolvent:innen von natur- oder ingenieurwissenschaftlichen Studiengängen, deren klassischer Karriereweg sie zunächst zum Abschluss einer Promotion führt und im Anschluss über den Aufstieg in eine Führungsposition zu einem (berufsbegleitenden) MBA, um die betriebswirtschaftlichen Kenntnisse aufzubauen oder zu vertiefen. Für Absolvent:innen wirtschaftswissenschaftlicher Studiengänge wird ein Doktortitel in der Regel einen positiveren Einfluss auf die Karriere haben als der MBA, denn sie haben sich das BWL Know-how bereits in ihrem Erststudium angeeignet.

## 2.7 Zusammenfassende Einschätzung zum Stellenwert eines Doktortitels

Um es vorwegzunehmen: Der Doktortitel hat nach wie vor (s)eine Relevanz. Das Ausmaß seiner Bedeutung lässt sich jedoch nur individuell betrachten, denn hier spielen verschiedene Faktoren eine Rolle, welche in den Kontext der eigenen Entwicklung zu setzen sind.

Unbestritten stellt eine erfolgreich abgeschlossene Promotion eine akademische Weiterqualifizierung dar, mit der neben Methodenkompetenz – vor allem bei berufsbegleitenden Dissertationen – auch personale Fähigkeiten bzw. Eigenschaften nachgewiesen werden. Sie ermöglicht den Aufbau eines Expertenstatus und kann sich positiv auf das berufliche Fortkommen auswirken, gerade bei einer Karriere in der Industrie. In frühen Phasen des Berufslebens scheint der Doktortitel bisher einen höheren Stellenwert zu haben als z. B. beim Erreichen von Top-Positionen (nach einigen Jahren Berufserfahrung). Während Berufseinsteiger:innen *mit* Doktortitel bisweilen höhere Einstiegsgehälter erzielen können, spielen mit wachsender Berufserfahrung die „on the job" gesammelten Erfahrungen (und Erfolge) eine immer größere Rolle für das Erreichen bestimmter Positionen. Allgemein nehmen akademische Qualifikationen im Verlauf einer Berufslaufbahn in den meisten Fällen einen immer geringeren Stellenwert hinsichtlich der Entwicklung ein.

Darüber hinaus existieren branchenspezifische Unterschiede: Während in tendenziell konservativen Sparten wie der pharmazeutischen Industrie oder im Automobilsektor eine Promotion besonders in Deutschland nach wie vor ein hohes Ansehen genießt, scheint die Bedeutung dieses Titels vor allem in der Gründerszene abzunehmen. Im angelsächsischen Kontext rückt der MBA als Weiterqualifikation vermehrt in den Fokus von Absolvent:innen. Diese Tendenz mag sich weiter fortsetzen, wenn der erste akademische Abschluss bereits an einer internationalen Hochschule erworben wurde.

Für berufsbegleitend Promovierende spielt in aller Regel nicht nur der reine Karriere-Aspekt eine tragende Rolle bei der Entscheidung für ein solches Vorhaben, sondern es existiert parallel ein hohes *intrinsisches* Interesse, diesen Prozess erfolgreich abzuschließen. Die Relevanz eines Doktortitels hängt somit stark von der eigenen Zielsetzung ab. Hierunter fällt auch die Karriererichtung, die man einschlagen möchte (z. B. Consulting, Industrie oder Start-up). Bei all diesen Überlegungen nimmt auch die dafür zur Verfügung stehende Zeit eine wesentliche Rolle ein; sie kann in einigen Fällen *der* limitierende Faktor sein.

Anhand der übergeordneten Phasen einer Promotion erhältst Du im nachfolgenden Kapitel ein Gefühl dafür, was Dich im Laufe der Bearbeitungszeit erwartet, welche Herausforderungen dabei auftreten können und wie Du mit diesen zielgerichtet umgehen kannst.

**Key Learnings**

- Eine erfolgreich abgeschlossene Promotion kann einen positiven Beitrag zum beruflichen Fortkommen leisten; dies jedoch nicht nur aufgrund des eigentlichen Doktortitels, sondern auch durch den Nachweis außergewöhnlicher Kompetenzen (insbesondere bei berufsbegleitenden Dissertationen).
- Der Stellenwert ist meist zu Beginn der Berufslaufbahn höher und divergiert zwischen verschiedenen Fachbereichen sowie Industriezweigen; ein starker innerer Antrieb ist eine wesentliche Grundvoraussetzung.
- In Abhängigkeit des anvisierten Tätigkeitsfeldes kann ein MBA eine geeignete alternative (oder ergänzende) akademische Weiterqualifikation sein – bspw. in der Gründerszene bzw. im Consulting oder auch bei international angestrebten Karrieren.

# 3 Phasen der Promotion

In diesem Kapitel möchten wir Dir ein möglichst realistisches Bild einer nebenberuflichen Dissertation aus der Sicht von Doktorand:innen skizzieren. Dies ist insbesondere wichtig, da die Anfangszeit von einer deutlich spürbaren Euphorie sowie Optimismus geprägt ist; sie stellt allerdings erst den Beginn dar und ein erfolgreicher Abschluss liegt noch in weiter Ferne. Ein Zitat aus einem Artikel in der Süddeutschen Zeitung zeichnet ein düsteres Bild, wenn es um das „Durchziehen" einer Promotion geht: *„Wer einen Doktortitel anstrebt, hat demnach ein sechsmal höheres Risiko depressiv zu werden als Menschen ohne akademischen Titel."*[59] Der Bericht begründet diese Feststellung in erster Linie mit dem potentiellen Frust, der entstehen kann, wenn man über Jahre ein sehr spezifisches Fachthema bearbeitet, das schlussendlich möglichweise weder bei der Betreuungsperson noch bei wissenschaftlichen Fachzeitschriften große Aufmerksamkeit findet; in der Konsequenz hat lediglich ein Viertel der befragten Doktorand:innen den Eindruck, *„an einer für die Gesellschaft nützlichen Sache zu arbeiten"*.[60]

Euphorie kann also auf Enttäuschung treffen. Daher ist es sinnvoll, sich die **wesentlichen Meilensteine**, die Promovend:innen in den Hauptphasen ihrer Arbeit durchlaufen, einmal näher anzuschauen – unter Berücksichtigung der Besonderheiten einer berufsbegleitenden Dissertation. Promotionsinteressierte sollten in diesem Kapitel darüber hinaus ein gutes Verständnis dafür bekommen, welche ***Einfluss*faktoren** den Verlauf der jeweiligen Abschnitte einer Doktorarbeit besonders prägen können und aus unserer Sicht die größten Auswirkungen auf die Umsetzung eines

59 Christian Gschwendtner, „Armer, kranker Doktor", Süddeutsche Zeitung, 21. Dezember 2018, https://www.sueddeutsche.de/bildung/promotion-armer-kranker-doktor-1.4261459.

60 Gschwendtner.

solchen Vorhabens haben.[61] Zusätzlich werden diese dahingehend betrachtet, wie aus ihnen ***Erfolgs*faktoren** werden können, d. h. wie die Umsetzungswahrscheinlichkeit eines solchen Ziels gesteigert werden kann.[62] Die nachfolgende Abbildung zeigt den Aufbau der jeweiligen Abschnitte, ausgehend vom Prozess (als Basis) hin zu konkreten Tipps (siehe Abbildung 4: Inhaltliche Struktur des Kapitels „Phasen der Promotion").

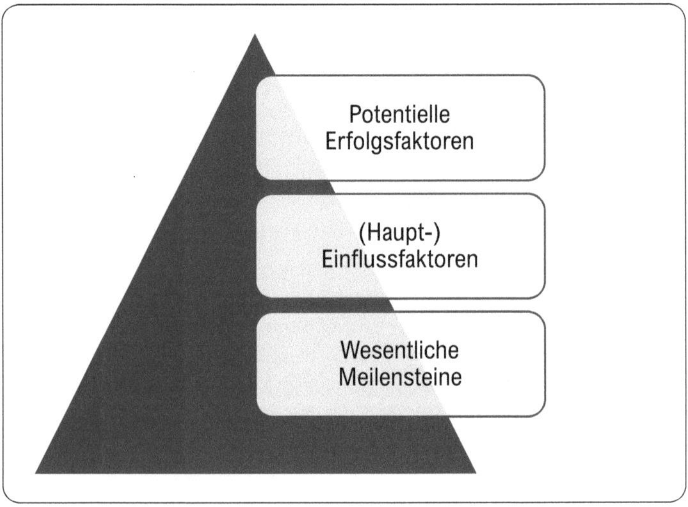


**Abbildung 4: Inhaltliche Struktur des Kapitels „Phasen der Promotion" (Eigene Darstellung)**

Hintergrund dieses Vorgehens ist die Tatsache, dass es bestimmte Faktoren gibt, die man als Doktorand:in besser beeinflussen kann als andere. Auch das Wissen hinsichtlich weniger gut kontrollierbarer Variablen kann Dir helfen, individuelle Schwerpunkte während der Promotionsphase zu setzen. Daher beginnt die Erläu-

61 Wir haben uns für eine Abstufung in „gering", „mittel" und „hoch" entschieden und dabei (wenn sinnvoll) Spannweiten angegeben.

62 Im Rahmen der jeweiligen Unterkapitel erfolgt dieser Transfer auf einzelne Meilensteine oder auf die gesamte Phase.

terung der Einflussfaktoren jeweils mit einer subjektiven Einschätzung, welche Auswirkungen dieser Aspekt auf die Dissertation hat und wie stark er von Dir beeinflusst werden kann. Natürlich kann diese Einordnung nie allgemeingültig sein, sie dient allerdings als Indikator, auf welche Themenkomplexe Du unserer Meinung nach besonders großen Wert legen kannst, um Deine Erfolgschancen zu erhöhen.

Eine Promotion wird im Rahmen des vorliegenden Buchs in drei große Phasen unterteilt: Einleitung, Hauptteil und Schluss. Jede dieser Hauptphasen beinhaltet wichtige Zwischenschritte, die von den meisten Promovend:innen in ähnlicher Form durchlaufen werden (siehe Abbildung 5: Typische Meilensteine einer (berufsbegleitenden) Promotion). Diese bilden das orientierende Grundgerüst für die nachfolgenden Ausführungen.

**Abbildung 5: Typische Meilensteine einer (berufsbegleitenden) Promotion (Eigene Darstellung)**

## 3.1 „Einleitung" – Beginn der berufsbegleitenden Promotion

Die erste Phase einer berufsbegleitenden Promotion ist von drei wesentlichen Etappen geprägt. Ganz zu Beginn steht die eigentliche Entscheidungsfindung, in der die **Beweggründe** umfassend reflektiert werden (sollen). Wer hierüber Klarheit erlangt hat, braucht neben einem interessanten **Thema** eine passende **Hochschule** sowie geeignete **Betreuungspersonen**. Bevor der eigentliche Schreibprozess beginnen kann, sind in aller Regel noch einige **formale Vorbereitungsschritte** zu klären (siehe Abbildung 6: Die Einleitungsphase einer berufsbegleitenden Promotion).

**Abbildung 6: Die Einleitungsphase einer berufsbegleitenden Promotion (Eigene Darstellung)**

### 3.1.1 Beweggründe

Die Gedanken an eine Doktorarbeit können bereits früh vorhanden sein oder auch spontan aufkommen – hier existiert kein Standardweg. Bei *berufsbegleitenden* Promotionen kann bspw. im Rahmen der Zusammenarbeit zwischen einem Industrieunternehmen und einem wissenschaftlichen Institut eine interessante Fragestellung identifiziert werden, die zu einem Promotionsvorhaben führt. In diesem Fall entsteht die Forschungsfrage mehr „zufällig" im Zuge einer Kooperation, als dass sie im Vorfeld geplant war.

Die Palette der Beweggründe für die Erstellung einer Dissertation reicht von Eitelkeit – verbunden mit der Hoffnung einer Steigerung des sozialen Ansehens – über Interesse am wissenschaftlichen Arbeiten bis hin zur Realisierung von konkreten mittel- oder langfristigen Karrierezielen. So kann in eher konservativen Branchen der Doktortitel eine Anforderung für Führungspositionen sein, auch wenn dies nicht offiziell so kommuniziert wird und branchenübergreifend sicherlich nicht den Regelfall darstellt. Damit einher geht in nicht wenigen Fällen auch die Hoffnung auf ein höheres Gehalt. In einigen Konstellationen steht der weitere Karriereweg vielleicht noch nicht final fest, sodass eine Promotion diese Lücke füllen soll.[63] Für eine Karriere in der Wissenschaft stellt ein Doktortitel in aller Regel die Grundvoraussetzung dar. Es ist jedoch davon auszugehen, dass eine „klassische" Forschungskarriere bei einer *berufsbegleitenden* Dissertation nicht der Hauptfokus ist, da zu diesem Zeitpunkt bereits die Weiche in Richtung Unternehmenskarriere gestellt wurde. Jedoch öffnet man sich damit zumindest potentiell „Karriere-Türen" und kann dann selbst entscheiden, ob man durch diese hindurchgehen möchte oder nicht.

Unsere Gespräche mit Promotionsinteressierten und Doktorand:innen ergaben weitere Triebfedern für die Initiierung einer Dissertation (siehe Abbildung 7: Mögliche Beweggründe für eine Promotion). Wie sich im Rahmen der Interviews herausstellte, gehen Frauen in „Männerdomänen" wie der Automobilindustrie bisweilen davon aus, einen Mehreinsatz für das Erreichen bestimmter Positionen leisten zu müssen. Ein Doktortitel soll aus ihrer Sicht dabei unterstützen, gewisse Karrierepfade beschreiten zu können. Zwar geht insbesondere bei global tätigen Unternehmen die Tendenz zu weniger Formalismus, aber grundsätzlich von einem Verzicht auf eine solche Anforderung sollte man nicht ausgehen. Des Weiteren kann eine erfolgreich abgeschlossene Promotion als „Glaubwürdigkeitsindikator" gelten und für einen Expertenstatus stehen. Wer z. B. mit dem Gedanken spielt, sich im Laufe seines Berufslebens selbständig zu machen, kann also von dieser Perzeption durchaus profitieren. Auch wenn die wissenschaftliche Tiefe einer Dissertation in den wenigsten Zielpositionen noch erforderlich ist, so stellt das Durchlaufen eines solchen Prozesses eine Art „Meisterbrief" dar, der ein spezifisches Qualifikationsprofil reflektiert.

---

63 „Mama wäre stolz", ZEIT Campus, zugegriffen 01. Februar 2022, https://www.zeit.de/campus/ratgeber-promotion/2019/01/gruende-fuer-die-promotion-promovieren-studium.

In einigen naturwissenschaftlichen Fächern wie der Chemie oder Biologie oder auch der Medizin stellt eine Promotion wie bereits erwähnt nahezu eine Standardqualifikation unter den Absolvent:innen dar. Der nach unserer Einschätzung am wenigsten geeignete Beweggrund ist eine Erwartung aus dem (familiären) Umfeld, wenn bspw. einer oder sogar beide Elternteile promoviert sind. Diese Variante hat aus unserer Sicht das größte Frustpotential, da die Motivation in diesem Fall primär extrinsisch geprägt ist.

Anhand einer Auswertung von knapp 22.000 Promovend:innen lassen sich aus den beschriebenen Beweggründen drei größere Cluster von Promotionsmotiven bilden: Inhaltlicher Fokus, Spaß an der Forschung und eine große persönliche Relevanz erreichen die höchsten Werte, gefolgt von den Faktoren Berufschancen, Erfordernis für die eigene Karriere und einem hohen Selbstanspruch; externe Aspekte wie eine Erwartungshaltung aus dem persönlichen Umfeld einhergehend mit einem schlechten Gewissen bilden den Abschluss der aufgeführten Impulse.[64]

**Abbildung 7: Mögliche Beweggründe für eine Promotion (Eigene Darstellung)**

64 „Indikator: Motivation zur Arbeit an der Promotion", Themenbereich: Promotionsmotive und Promotionsverlauf, zugegriffen 01. Februar 2022, https://nacaps-datenportal.de/indikatoren/D1.html.

Die Motivation für ein Promotionsvorhaben ist somit höchst individuell und hat mitunter sehr persönliche Bestandteile; sie weist eine große Schnittmenge mit dem Stellenwert auf, den Promotionsinteressierte einem Doktortitel zuschreiben (siehe Kapitel 2.1). Man könnte auch sagen, dass die der Promotion attestierte persönliche Relevanz und der eigene Antrieb ein Stück weit Hand in Hand gehen. Ohne bestimmte Erfolgsfaktoren für eine nebenberufliche Dissertation vorwegzunehmen, ist festzuhalten, dass die Motivatoren bei selbstkritischer Betrachtung auch längerfristig Bestand haben müssen, um sich im Zuge der Erstellungsphase nicht vorschnell „abzunutzen". Eine kurzfristige Phase der beruflichen Unklarheit sollte daher *nicht* zu einem Promotionsvorhaben führen, denn alleine die Einleitungsphase einer nebenberuflichen Dissertation erfordert bereits Durchhaltevermögen. Nicht selten vergehen Monate bis die geeigneten Rahmenbedingungen für die Realisierung dieses Vorhabens identifiziert bzw. geschaffen werden können.

Das Langzeitprojekt beginnt also erst; daher erfordert es einen „Dranbleiber" und nicht nur einen initialen Motivationsgrund, um auch für (unvorhersehbare) Rückschläge gewappnet zu sein. Wie wichtig hierbei eine realistische Einschätzung ist, zeigt sich nicht zuletzt an der Tatsache, dass der Abbruch einer Promotion nicht nur für Doktorand:innen, sondern auch für Doktorväter bzw. Doktormütter sehr frustrierend sein kann. Bei ersteren können noch lange Nachwirkungen in Form von Selbstzweifeln oder negativen Auswirkungen auf das Selbstwertgefühl auftreten. Daher sollte eine Dissertation nie leichtfertig begonnen werden.

***„Ich würde gründlich abwägen, da das zeitliche und emotionale Investment deutlich höher ist als initial angenommen."***

(Promotionsstudentin nach Einreichung auf die Frage, ob sie auf Basis ihres heutigen Wissensstandes nochmals eine nebenberufliche Dissertation beginnen würde)

### *Eigene Persönlichkeit*

Möglicher Einfluss auf den Promotionserfolg: *hoch*

Beeinflussbarkeit durch Doktorand:innen: *mittel*

Wie bereits erwähnt, eignet sich ein Marathonlauf hinsichtlich des Verlaufs einer Doktorarbeit besonders gut als Vergleich; zwar fallen die *physischen* Belastungen hierbei deutlich geringer aus, die *psychischen* Herausforderungen können es dafür jedoch in sich haben. Die meisten (Hobby-)Marathonläufer wissen, dass ab Kilometer 30 gelegentlich ein Tiefpunkt erreicht wird – man spricht vom sog. „Mann mit dem Hammer". Der Erschöpfungszustand ist an diesem Punkt deutlich spürbar und führt im schlimmsten Fall zu einem Abbruch des Laufs. Um von Negativsituationen nicht überrascht zu werden, sollte die Auseinandersetzung mit solchen Szenarien *präventiv* in der Vorbereitung berücksichtigt werden.

Ähnlich verhält es sich bei einer Dissertation. In den allermeisten Fällen wird es nicht nur einzelne Tage, sondern vielleicht sogar Wochen geben, in denen das Schreiben nicht wirklich „läuft". Vergleichbar dem „Mann mit dem Hammer" ist die oftmals erwähnte Schreibblockade, aber auch andere herausfordernde Konstellationen, mit denen Doktorand:innen umgehen müssen. Hierzu zählen neben antizipierbaren auch unvorhersehbare Herausforderungen: Die kurzfristige Absage eines Austauschgesprächs durch den Betreuer, bei dem richtungsweisende Fragen hätten geklärt werden sollen oder die Ablehnung eines Papers, das für einen wichtigen Teilschritt der Doktorarbeit erforderlich ist, sind Beispiele, die spürbaren Einfluss auf die momentane Stimmung der Doktorandin oder des Doktoranden haben können. Wenn Du Dir dieser Situationen bewusst bist und über ein Repertoire an sog. Coping-Strategien[65] verfügst, erhöhst Du Deine Erfolgsaussichten deutlich.

65 Mit dem Begriff „Coping-Strategie" wird eine Bewältigungsstrategie bezeichnet, d. h. der zielführende Umgang mit Herausforderungen.

Viele Promovend:innen geben im Nachhinein an, den Weg einer Dissertation nicht zuletzt aus Gründen der **Persönlichkeitsentwicklung** beschritten zu haben. Er bietet einem in jedem Fall viele Möglichkeiten, über unterschiedliche Fertigkeiten zu reflektieren, naturgemäß über Methoden- und Fachkompetenz, aber auch personale und soziale Fähigkeiten: Wie interagiere ich mit meinen Betreuungspersonen? Wie organisiere ich meine Schreibroutine? Wie gehe ich mit (unerwarteten) Rückschlägen um? Wie agiere ich unter Druck? Bin ich in der Lage, Themen zu priorisieren?

Der Einfluss Deiner Persönlichkeit auf den Verlauf des Promotionsprozesses ist entsprechend hoch und stellt umgekehrt auch gewisse Anforderungen an den eigenen Charakter. Eine ehrliche (Selbst-)Einschätzung in Bezug auf persönliche Eigenschaften und Eigenarten sollte initial bei der Beantwortung der Frage helfen, ob man bereit ist für einen solchen Weg. Da der eigene Charakter bei Beginn einer berufsbegleitenden Promotion weitestgehend ausgeprägt und gefestigt sein dürfte, sind *grundlegende* Veränderungen eher unwahrscheinlich. Je besser man sich jedoch kennt, desto zielgerichteter kann man (vermeintliche) Schwachstellen adressieren. Ein Beispiel: Wer sich seiner Tendenz bewusst ist, bei umfangreichen wissenschaftlichen Texten den Wald vor lauter Bäumen nicht zu sehen (was bei einer Doktorarbeit nicht ungewöhnlich ist), kann sich durch Unterteilung der Arbeitspakete in kleinere Einheiten helfen. Damit wird der zu bewältigende Berg kleiner und man bleibt motiviert, den Gipfel zu erklimmen. Ein weiteres Beispiel: Es kann hilfreich sein, bereits gefundene Textstellen oder -teile zu verschriftlichen und diese Elemente dann sukzessive zusammenzufügen. So spürt man auch einen direkten Fortschritt, anstatt viel zu lesen, ohne die Zwischenergebnisse dabei zu verschriftlichen.

Um ein umfassenderes Bild von den Herausforderungen zu erlangen, sollte Kontakt zu Doktorand:innen gesucht werden, die einen solchen Weg bereits beschritten haben (idealerweise am selben Lehrstuhl). Dieser Austausch kann die eigenen Absichten bestätigen oder Themenfelder identifizieren, die womöglich nochmals durchdacht werden sollten.

**Key Learnings**

- Das Anfertigen einer berufsbegleitenden Doktorarbeit ist ein Langzeitprojekt, das in aller Regel mit kleineren und/oder größeren Rückschlägen verbunden ist.
- Eine Dissertation ermöglicht Promovend:innen, über die „Automatismen" der eigenen Persönlichkeit zu reflektieren und ist daher eine hervorragende Möglichkeit zur Weiterentwicklung.
- Die Auseinandersetzung mit den persönlichen Eigenheiten sowie typischen Herausforderungen im Vorfeld des Promotionsprozesses (z. B. mit anderen Doktorand:innen) kann helfen, diesen Weg leichter und effizienter zu gestalten.

### *Persönliche Motivation*

Möglicher Einfluss auf den Promotionserfolg: *mittel bis hoch*

Beeinflussbarkeit durch Doktorand:innen: *mittel*

Der Faktor Motivation hat durchaus einen bedeutsamen Stellenwert im Rahmen einer Dissertation, jedoch – möglicherweise wider Erwarten – nicht den größten. Denn seinen Gipfel hat dieser Gesichtspunkt in einigen Fällen bereits am Anfang des Promotionsprozesses, wenn Motivation und Euphorie eine große Schnittmenge haben.

Der Antrieb für das Schreiben einer Doktorarbeit kann sich im Laufe der Zeit „abnutzen". Wenn der ursprüngliche Hauptbeweggrund das Erreichen einer spezifischen Position im Unternehmen war (wie etwa eine Führungsrolle mit Personalverantwortung), dieser Schritt zwischenzeitlich allerdings auch ohne Doktortitel erreicht wurde, kann dieser Motivator von heute auf morgen wegfallen – und greift dann nicht mehr. Darüber hinaus können Beweggründe, die zwar nach wie vor gültig sind, von anderen Aspekten überlagert werden, wenn bspw. zwischenzeitlich Kinder geboren werden und der Stellenwert der Familie damit höher wird.

An dieser Stelle sollte auch erwähnt werden, dass das persönliche Umfeld mit einer gewissen Neugierde auf die nicht ganz alltägliche Herausforderung einer nebenberuflichen Dissertation schaut und auch immer mal wieder nach dem aktuellen „Stand der Dinge“ fragt. Dieses Erkunden kann je nach Stimmungslage als störend oder gar belastend empfunden werden, z. B. wenn die Schreibarbeit für längere Zeit geruht hat und das schlechte Gewissen umgekehrt proportional ansteigt. Je nach Persönlichkeit kann man hieraus aber auch Energie schöpfen. So gaben einige Doktorand:innen an, dass ein Grund für das Durchhalten in der Gesichtswahrung gegenüber ihrem Umfeld lag bzw. anders ausgedrückt wollten sie keinen Gesichtsverlust erleiden – eine durchaus prägnante Umschreibung für den Erfolgsdruck, den man sich als extern Promovierende:r selbst auferlegt. Es empfiehlt sich daher bereits zu Beginn des Promotionsprozesses darüber zu reflektieren, in welche Kategorien Du Dich selber einordnest und mit wem Du in welchem Umfang über Deine Promotion sprechen möchtest.

Am Faktor Motivation zeigt sich, wie unterschiedlich der Blick von Doktorand:innen auf den Promotionsprozess sein kann. Consultants großer Beratungshäuser sind sich darüber bewusst, dass für diesen Entwicklungsschritt ein dezidiertes Zeitfenster von zwei oder maximal drei Jahren zur Verfügung steht, das dann effizient und mit großer Hingabe genutzt werden *muss*. Während sie in diesem Zeitraum der „Berufspause“ den Großteil ihrer Zeit und Energie in den Erstellungsprozess stecken und somit eine relativ konstante Anspannungskurve vorweisen, unterliegen Promovend:innen *ohne* eine Auszeit vom Job des Öfteren Schwankungen und müssen nach einer Durststrecke jedes Mal erneut Anlauf nehmen.

***„Dem Rest der Welt beizubringen, dass ich das in meinem eigenen Tempo mache.“***

(Doktorandin auf die Frage nach der größten Herausforderung während der Erstellung ihrer Dissertation)

Aus unserer Erfahrung hat mit Blick auf den Faktor Motivation ein „**Dranbleiber**" gegenüber einem (initialen) „Antreiber" deutlich mehr Vorteile: Ein solcher Motivator ist weniger anfällig für Schwankungen und Einfluss von außen und wirkt vor allem nachhaltiger. Eine Variation des „Dranbleibers" ist die Anpassung des Motivators an die jeweilige Phase der Doktorarbeit oder an die momentane Stimmungslage. Eine Promotion bietet viele Möglichkeiten, eigene Lern- bzw. Selbstorganisationstechniken und auch Motivationsstrategien auszuprobieren.

**Praxistipp**

In Abhängigkeit vom Lern- und Arbeitstyp kann man seine Stimmung ein Stück weit durch Musik „lenken", sei es durch aufmunternde oder eher beruhigende Musikrichtungen. Hierzu existieren im Internet oder bei Musik-Streaminganbietern vordefinierte Wiedergabelisten (z. B. für konzentriertes Arbeiten oder Lesen). Auch motivierende Bilder oder Sätze auf dem Schreibtisch können einen positiven Einfluss auf den Verlauf der Promotion haben.

***„Keep calm and finish your dissertation."***

(Ausgedrucktes Zitat auf dem Schreibtisch einer der beiden Autoren während der Endphase seiner Doktorarbeit)

Wer merkt, dass er oder sie vom ursprünglichen Pfad abkommt, sollte sich die Zeit für eine „**Re-Fokussierung**" nehmen und dabei insbesondere die Aktualität der ursprünglichen Beweggründe hinterfragen. Dies ist eine gute Gelegenheit, um im Rahmen einer Bestandsaufnahme zu reflektieren, ob man den eingeschlagenen Weg in dieser Art und Weise weiter bestreiten möchte oder nicht. Wenn bspw. die Partnerschaft oder das Familienleben mit der Doktorarbeit nicht mehr unter einen Hut zu bringen sind, kann zusammen eruiert werden, wo die *gemeinsamen* Prioritäten liegen und ob eine Dissertation noch den Stellenwert hat, den sie anfangs einmal hatte.

Wie bereits erwähnt, sollte man das Thema Motivation insgesamt nicht unterschätzen, aber auch nicht überbewerten. Eine gute **Struktur** (besonders Aufbau der Arbeit und Zeitmanagement) gepaart mit **Disziplin** (regelmäßige Schreibroutinen) bietet bereits eine gute Grundlage, um die Ziellinie stetig näher rücken zu lassen. In jedem Fall sind die eigene Persönlichkeit und die Motivation eng miteinander verknüpft, sodass für beide Faktoren gilt: Man kann sie wie bereits erwähnt zu einem gewissen Grad (z.B. mit bestimmten Techniken) lenken, aber sicherlich keine drastischen Veränderungen erwarten – zumal die Mehrbelastung auf Dauer kräftezehrend wirken kann.

Wichtig ist an der Stelle noch einmal auf die Besonderheit *externer* Dissertationen einzugehen. Für berufsbegleitend Promovierende existieren im Rahmen strukturierter Programme zwar durchaus punktuelle Austauschmöglichkeiten (z.B. in Doktorandenkolloquien), allerdings ist man die meiste Zeit während des Schreibprozesses auf sich alleine gestellt und steht zudem noch in „Zeitkonkurrenz" zu seinem Beruf. Diese ist als wissenschaftliche Mitarbeitende am Lehrstuhl zwar in Form von Projekten oder Lehre ebenso vorhanden, aber gleichzeitig existiert auch Verständnis für die Einbettung der Promotion in die wissenschaftliche Arbeit. Man ist konstant von einem wissenschaftsnahen Umfeld umgeben. Das hilft bei dezidierten Fragestellungen, aber auch im täglichen Austausch mit den Kolleg:innen.

**Key Learnings**

- Der Faktor Motivation kann besonders zu Beginn des Promotionsvorhabens einen großen Stellenwert haben, unterliegt jedoch gelegentlich auch Schwankungen im Verlauf der Arbeit.
- Durch den Einsatz spezifischer Techniken kann der momentanen Stimmung eine gewisse Zielrichtung gegeben werden (z. B. durch Hören bestimmter Musikrichtungen).
- Ein „Dranbleiber" kann auf Strecke wichtiger werden als ein initialer „Motivator", vor allem bei berufsbegleitenden Doktorarbeiten.

### *Aktueller Beruf*

Möglicher Einfluss auf den Promotionserfolg: *hoch*

Beeinflussbarkeit durch Doktorand:innen: *mittel bis hoch*

Der zum Zeitpunkt der Dissertation ausgeübte Beruf hat naturgemäß einen erheblichen Einfluss auf den Erstellungsprozess der Arbeit – sowohl zeitlich als auch emotional. Wer bspw. als Consultant arbeitet und eine Wochenarbeitszeit von 50 Stunden oder gar mehr aufweist, muss kein Mathegenie sein, um zu erkennen, dass die übrige Zeit des Tages nicht mehr allzu viele Möglichkeiten zum Schreiben an der Doktorarbeit lässt. Nicht umsonst bieten große Beratungshäuser ihren Mitarbeitenden nach ein paar Jahren im Unternehmen die Möglichkeit eines Sabbaticals an, d. h. eine **Auszeit bzw. Freistellung**, die u. a. für eine Promotion genutzt werden kann (sog. „PhD leave").

***Praxisbeispiel – Promotionsinteressent mit diversen Herausforderungen***

Ein Promotionsinteressent fragte mit Blick auf ein berufsbegleitendes Dissertationsvorhaben nach einem „Sparring" hinsichtlich seiner persönlichen Ausgangslage. Diese war gekennzeichnet durch einen Job als Unternehmensberater sowie die erfreuliche Nachricht, dass seine Frau in wenigen Wochen das erste gemeinsame Kind erwartet. Die Ambition, einen Doktortitel zu erlangen, war in der Unterhaltung deutlich spürbar. Zum Zeitpunkt des Gesprächs bestanden noch offene Fragen zum Umfang der zusätzlichen Belastung sowie zu den Auswirkungen einer solchen Entscheidung auf das bevorstehende Familienleben (i. S. von konkreten Herausforderungen im Alltag).

Bei diesem Beispiel folgten als Impuls aus dem Austausch mehrere Gespräche mit der Ehefrau und dem Arbeitgeber, um gemeinsam Möglichkeiten zu eruieren, wie trotz hoher (zeitlicher) Belastung durch Beruf und bevorstehende Familiengründung eine Doktorarbeit realisiert werden kann (z. B. durch eine begrenzte Auszeit vom Job).

Diese Situation zeigt sehr anschaulich, wann Konstellationen vorliegen, in denen der angehende Doktorand eine solche Entscheidung aufgrund ihrer Tragweite nicht mehr alleine treffen kann (und auch nicht sollte). In diesem konkreten Beispiel ist natürlich in erster Linie die Partnerin gemeint, die in den Entscheidungsprozess maßgeblich eingebunden wurde.

Auch in weniger zeitintensiven Berufen sollte die zusätzliche Belastung durch eine Dissertation nicht unterschätzt werden. Selbst wenn die reine Arbeitszeit eine berufsbegleitende Promotion prinzipiell ermöglicht, können z. B. **Konflikte** im beruflichen oder privaten Umfeld die zur Verfügung stehende Energie für die Schreibarbeit am Abend oder am Wochenende spürbar minimieren. Des Weiteren werden solch umfangreiche Weiterbildungsvorhaben aus Sicht von Führungskräften zuweilen kritisch beäugt, wenn parallel wichtige Projekte laufen, welche die volle Aufmerksamkeit (und womöglich zusätzlichen Arbeitseinsatz) erfordern. Die eigene Performance wird u. U. nicht weniger kritisch beäugt, wenn man sich eine zusätzliche „Baustelle" schafft. In gewisser Hinsicht steht eine berufsbegleitende Promotion im Unternehmenskontext daher immer unter einer unvermeidlichen Beobachtung. Die Spannweite der Emotionen reicht dabei von Skepsis in Bezug auf die erfolgreiche Umsetzung über Neugierde bis hin zu Bewunderung, dass ein solches Vorhaben begonnen wurde.

Prinzipiell hat man bei diesem Faktor durchaus Einfluss- und Gestaltungsmöglichkeiten. Vergleichbar mit einer Elternzeit sollte man allerdings die „ungeschriebenen Gesetze" in einem Konzern nicht unterschätzen. Wer bspw. seine Arbeitszeit deutlich reduziert, kommt für einen – insbesondere hierarchischen – **Entwicklungsschritt** möglicherweise aktuell nicht in Frage. Der Beginn einer berufsbegleitenden Doktorarbeit kann das berufliche Fortkommen somit (zunächst) bremsen. In nicht wenigen Firmen herrscht nach wie vor die Haltung, dass eine Führungsrolle nicht (zufriedenstellend) in Teilzeit ausgefüllt werden kann. Glücklicherweise gibt es hier mittlerweile eine zeitgemäße Entwicklung, die Mitarbeitenden ermöglicht, eine anspruchsvolle Tätigkeit und bspw. das Familienleben unter einen Hut zu bekommen.

Hier muss jede:r für sich entscheiden, was der richtige Weg mit Blick auf die vorherrschenden Rahmenbedingungen ist. Selbst eine unbezahlte Auszeit wird vielleicht vom Chef nicht oder zumindest nicht gerne genehmigt. Allgemein ist die Umsetzung eines solchen Vorhabens vom Miteinander mit der aktuellen Führungskraft geprägt, denn diese stellt einen weiteren menschlichen Einflussfaktor auf den Promotionsprozess dar. Mögliche Ausprägungen hiervon können von Verständnis über subtilen Druck bis hin zur offenen Kommunikation deutlicher Erwartungen reichen. Hier kann ein frühzeitiger Austausch ein Gefühl dafür vermitteln, wie dieses Vorhaben von Seiten des Unternehmens grundsätzlich aufgenommen wird.

Wie bereits im Kontext der Themenwahl erläutert, kann eine große Schnittmenge zwischen dem ausgeübten Beruf und der zu bearbeitenden Forschungsfrage zu Win-Win-Situationen bzw. **Synergieeffekten** führen. Ein Know-how-Transfer von Beruf zu Doktorarbeit und umgekehrt wäre eine ideale Ausgangslage. Unter dieser Voraussetzung kann eine Dissertation unternehmensseitig als eine Form der Personalentwicklungsmaßnahme angesehen werden, die von Seiten des Arbeitsgebers dann auch in einigen Fällen unterstützt wird. Hier empfiehlt es sich, den Rückhalt der Führungskraft einzuholen und das Unternehmen von den Vorteilen dieser Weiterqualifikation zu überzeugen.

**Key Learnings**

- Der zum Zeitpunkt der Dissertation ausgeübte Beruf prägt maßgeblich die zur Verfügung stehende Zeit und kann den Promotionsprozess darüber hinaus auch emotional beeinflussen.
- Dem Verhältnis zur direkten Führungskraft kommt eine tragende Rolle zuteil, da hiervon das Ausmaß des Verständnisses und der Unterstützung unmittelbar abhängt.
- Zusätzlich können psychologische Effekte auftreten, die – versteckt oder offen – den Druck auf die Promovend:innen zusätzlich erhöhen (z. B. Wahrnehmung als egozentrisch aufgrund der Fokussierung auf eigene akademische Weiterentwicklung anstelle des Unternehmens).

### *Eigener Freizeitanspruch*

Möglicher Einfluss auf den Promotionserfolg: *mittel bis hoch*

Beeinflussbarkeit durch Doktorand:innen: *hoch*

Der Anspruch an die eigene Freizeit bzw. Zeit für sich kann sehr schnell einen enormen Einfluss auf die Doktorarbeit bekommen –

insbesondere in einer Frust-Phase, in der die gesamte Arbeit in Frage gestellt wird. Aus Gesprächen mit Promotionsinteressierten wird deutlich, dass dieser Faktor ein **K.-o.-Kriterium** hinsichtlich der konkreten Durchführung sein kann. „Wann soll ich dann noch zum Sport gehen, wenn der Tag von Job und Dissertation bereits vollständig ausgebucht ist?". Diese Sichtweise ist natürlich vollkommen in Ordnung. Wer für sich persönlich beschließt, über einen mehrjährigen Zeitraum diesen Spagat in der Freizeit nicht leisten zu wollen, wird auch voll hinter dieser Entscheidung stehen und einem entgangenen Doktortitel nicht nachtrauern.

Exakt diese Abwägungsentscheidung gilt es – idealerweise *vor* Beginn einer Dissertation – zu durchdenken und für sich zu treffen: Wie wichtig ist mir ein „Dr." vor dem Namen? Benötige ich den Titel wirklich für meine mittel- und langfristigen Karriereziele? Was entgeht mir möglicherweise alles? Könnte ich es bereuen, dass ich einen Großteil meiner Freizeit für das Schreiben „opfere"? Neudeutsch spricht man von der **„Fear of missing out" (FOMO)**, die einen Zustand der Angst beschreibt, etwas im Leben verpassen zu können. Da für jeden Menschen pro Tag dieselbe Anzahl an Stunden zur Verfügung steht, verbleiben bei einem zusätzlichen zeitlichen Aufwand für das Schreiben der Doktorarbeit regelhaft weniger Stunden für andere (Alltags-)Tätigkeiten und Unternehmungen im Freundeskreis oder mit der Familie. Das kann durchaus auch die ersten Entwicklungsjahre des eigenen Kindes betreffen, in denen man dann den ein oder anderen Ausflug verpasst.

Sofern **ein Partner bzw. eine Partnerin** direkt spürbar von dem Promotionsvorhaben betroffen ist (z. B. durch die stärkere Übernahme familiärer Verantwortlichkeiten, um Freiräume für die Doktorarbeit zu schaffen), bietet es sich bereits vor dem Beginn der Dissertation an, darüber nachzudenken, wie alle Involvierten von diesem Schritt profitieren können. Auch die hierfür (wöchentlich) zu investierende Zeit sollte vorab gemeinsam eruiert werden, um Unterstützungsmöglichkeiten (bspw. am Wochenende) zu besprechen. Da ein konstantes Arbeiten an dem Promotionstext in aller Regel einen besseren Bezug zu dem Dokument herstellt als wenige und dafür längere Schreibphasen, sind die (zeitlichen) Auswirkungen nicht zu unterschätzen. Auch werden einige Abschnitte der Dissertation eine längere Auseinandersetzung am Stück erfordern, d. h. teilweise das gesamte Wochenende oder zumindest einen kompletten Tag davon.

***Praxisbeispiel – Tagesfreizeit ja oder nein?***

Aus den Fokusinterviews gab es sehr interessante (weil divergierende) Perspektiven zum Umgang mit dem eigenen Freizeitanspruch. Eine Doktorandin auf der Zielgeraden ihrer Dissertation sagte sinngemäß, dass jeder Tag, an dem sie *nicht* an ihrem Promotionstext gearbeitet hat, ein verlorener Tag war. Selbst im Hochsommer hätte sie die Erfahrung gemacht, dass sie sich nicht gut dabei gefühlt hat, im Park zu liegen und sich zu sonnen; die Gedanken an die Doktorarbeit wären so quälend gewesen, dass sie sich lieber zu Hause an den Schreibtisch gesetzt hat, um mit ihrer Dissertation voranzukommen.

Eine andere Doktorandin (mit Kind) verfolgt einen komplett anderen Ansatz: An Tagen, an denen bspw. die Konzentration fehlt, wird das Notebook – ohne negative Gefühle – zugeklappt. Die dadurch entstehende Zeit abseits der Doktorarbeit wird dann als „Quality time" mit der Familie verbracht.

Beide Gespräche zeigen den zwar abweichenden, aber dennoch individuell zielführenden Umgang mit den persönlichen Denkmustern, die zu einer unterschiedlichen Handhabung mit den eigenen Ressourcen führt. Hier gibt es kein „richtig" oder „falsch", sondern eher ein „für die persönliche Situation geeignet" oder „für die persönliche Situation weniger geeignet". Deswegen spielt die eigene Persönlichkeit eine so wesentliche Rolle im Verlauf der Dissertation. Wer sich besser kennt, kann diesen Weg so gestalten, dass schlechte Tage einen nicht zurückwerfen, sondern im Bestfall Zuversicht für den weiteren Prozess geben.

Da das Schreiben an der Doktorarbeit für nahezu alle berufsbegleitend Promovierende außerhalb der eigentlichen Arbeitszeit stattfindet, fällt es automatisch in die Freizeit. An dieser Stelle kann eine negative Spirale entstehen, die sich in einem chronisch schlechten Gewissen bemerkbar macht. Ein typischer Gedanke ist „Ich müsste jetzt eigentlich an der Doktorarbeit sitzen", falls man sich z. B. entschieden hat, im Sommer lieber ins Schwimmbad zu gehen als am Schreibtisch zu sitzen. Bei allem Engagement für das Promotionsvorhaben sollte allerdings nicht unterschätzt werden, wie wichtig ein **Ausgleich** zu solch einem anstrengenden Langzeitprojekt ist – mental, aber auch körperlich. Sport bzw. Bewegung im Allgemeinen stellt hierbei ein zentrales Element dar, um mit Phasen enormer Stressbelastung besser umgehen zu können.[66] Die von ZEIT Campus als „Deutschlands beste Doktormutter" bezeichnete Simone Winko führt hierzu in einem Interview aus, dass das Aufgeben sämtlicher sportlicher Aktivitäten während der Erstellungsphase ein vollkommen kontraproduktiver Weg ist, wenn es um das Durchhalten einer solchen Herausforderung geht.[67]

**Key Learnings**

- Der eigene Freizeitanspruch kann bereits *vor* Beginn der Dissertation zu einem wesentlichen Faktor hinsichtlich der Entscheidung für oder gegen ein solchen Vorhaben werden.
- Realistischer Weise bleiben bei einer berufsbegleitenden Promotion aufgrund der limitierten zeitlichen Kapazitäten stets bestimmte Aspekte auf der Strecke.
- Eine frühzeitige und ehrliche Einschätzung dieses Faktors kann Frustration zu späteren Zeitpunkten der Erstellung vermeiden.

66 „Die besten Sportarten gegen Stress im Studium", Hochschulinitiative Deutschland, zugegriffen 01. Februar 2022, https://hochschulinitiative-deutschland.de/blog/sport-gegen-stress-im-studium.

67 Katja Bosse, „Ruhe in Frieden", ZEIT Campus, zugegriffen 01. Februar 2022, https://www.zeit.de/campus/2013/02/promotion-doktormutter.

*Reflexion: Meine Beweggründe*

Insbesondere bei einer berufsbegleitenden Dissertation sollte der Auseinandersetzung mit den eigenen Beweggründen für ein solches Vorhaben die nötige Aufmerksamkeit gewidmet werden, da dieses Projekt erhebliche Auswirkungen auf den persönlichen Alltag hat. Dieser muss aller Voraussicht nach spürbar angepasst werden. Eine Doktorarbeit neben dem Beruf bedeutet für Promovend:innen in jedem Fall mindestens die Existenz eines zusätzlichen Teilzeitjobs, wenn nicht gar eines Zweitjobs. Die folgenden Fragen sollen Dich bei der Reflexion Deiner Beweggründe unterstützen.

1. Was ist <u>meine</u> initiale Motivation, eine nebenberufliche Promotion zu beginnen? Beantworte Dir ehrlich die Frage „Ich möchte promovieren, weil …".
2. Wie nachhaltig ist dieser Beweggrund? Hätte er von Beginn bis zur Einreichung (d. h. über einen sehr langen Zeitraum) bestand?
3. Bin ich bereit, mich über mehrere Jahre mit einem Thema tiefgehend wissenschaftlich auseinanderzusetzen? Interessiert mich die Thematik anhaltend und hat diese auch in ein paar Jahren noch Relevanz?
4. Hätte ich Angst, während des Erstellungszeitraums irgendetwas anderes in meinem Leben zu verpassen (z. B. einen beruflichen Entwicklungsschritt, familiäre Erlebnisse, sportliche Aktivitäten, Zeit für Freunde und Bekannte)?
5. Bin ich bereit, für eine Dissertation eine bestimmte Zeit lang meine Freizeit spürbar einzuschränken bzw. temporär (z. B. während der Finalisierungsphase) gänzlich auf diese zu verzichten?
6. Habe ich aus meiner bisherigen Erfahrung geeignete Strategien, um mit Rückschlägen umzugehen? Kann ich neuen Mut fassen, auch wenn die Dinge nicht so laufen, wie ich mir das vorstelle?
7. Welche möglichen Lebensereignisse könnten in die Phase meiner Promotion fallen (z. B. verantwortungsvollere (Führungs-)

Position, Familienplanung, Hausbau, Pflegefälle innerhalb der Familie)? Welche Auswirkungen hätte dies auf meine Motivation und meine Prioritäten?

8. Bin ich in der Lage, meinen Alltag zielgerichtet zu strukturieren und organisieren, indem ich meine anstehenden Aufgaben priorisiere und damit auf wesentliche Themen fokussiere?
9. Welche Form von Unterstützung kann ich in den Promotionsprozess integrieren (z. B. durch den Arbeitgeber und das persönliche Umfeld), um die Gesamtbelastung zu reduzieren?
10. Hätte eine Auszeit vom Beruf für mich so starke finanzielle und/oder berufliche Implikationen, dass ein solcher Schritt für mich kaum umsetzbar ist?

### 3.1.2 Thema, Hochschule und Betreuungspersonen

Sofern Deine „innere Weichenstellung" in Richtung eines Promotionsvorhabens erfolgt ist, stehst Du unweigerlich vor der Frage „Worüber möchte ich promovieren?". Falls sich das Thema nicht im Rahmen der beruflichen Tätigkeit ergibt, kann Dir ein Brainstorming dabei helfen, eine interessante und relevante wissenschaftliche Fragestellung zu finden, die in dieser Form bislang noch nicht (abschließend) bearbeitet wurde. Eine orientierende Literaturrecherche unterstützt Dich bei der Eingrenzung des Themas und identifiziert bisher ungeklärte Problemfelder.[68] Angehende Promotionsstudentinnen und -studenten sollten dabei stets im Hinterkopf behalten, dass der Gegenstand der Doktorarbeit zwar eine aktuelle Thematik aufgreifen, jedoch auch nach drei bis fünf Jahren (oder länger) noch eine Relevanz für die wissenschaftliche Community haben sollte. Hierbei können potentielle Betreuungspersonen, Arbeitskolleg:innen oder andere Promovierende gute „Sparringspartner" sein.

Der Prozess der Themenfindung geht mit der Suche nach der passenden Betreuung und – damit verbunden – der Hochschule zur

68 Hinsichtlich operativer Themen wie der Erstellung eines Exposés, dem Aufbau, der Gliederung etc. existieren bereits diverse Promotionsratgeber auf dem Markt, die zu diesen Schritten detailliert Hilfestellung geben können.

Begleitung des Promotionsprozesses einher. Eine Befragung von Doktorand:innen zeigt, dass die fachliche Betreuung den wichtigsten Faktor bei einer Doktorarbeit darstellt, jedoch emotionale Unterstützung ebenfalls relevant sein kann; lediglich Netzwerk- und Karrieregründe sind hierbei nachgelagert.[69] Hier existieren mehrere Wege, die durchaus Einfluss auf die Umsetzung der Dissertation haben: Ist ein strukturiertes Promotionsstudium die richtige Alternative für mich? Oder möchte ich lieber einen eher losen Kontakt zu meiner Betreuungsperson haben, so dass ich mich nahezu komplett eigenständig organisieren kann? Damit einher geht auch die Frage einer „klassischen" Doktorarbeit (i. S. einer Monographie) oder einer kumulativen Dissertation über mehrere Einzelpublikationen. Bei letzterem Ansatz kommen ggf. Co-Autor:innen dazu, die während des Schreibprozesses zusätzlich eingebunden werden müssen. Es macht daher Sinn, sich bereits in dieser initialen Phase des Doktorandendaseins mit möglichen Einflussfaktoren auseinanderzusetzen, da sich diese während der kommenden Jahre immer wieder – mal mehr, mal weniger – bemerkbar machen können.

Stets zu beachten sind die formalen Voraussetzungen für eine Immatrikulation an der Hochschule. So können bestimmte Abschlussnoten oder eine notwendige Anzahl von Credit Points und Mindestpunktzahlen bei Sprachtests (u. a. bei internationalen Abschlüssen) beispielhafte Anforderungen für eine Einschreibung im Promotionsstudiengang sein. Sofern sich die anvisierte Universität nicht in der Nähe des Wohnorts befindet, sollte im Vorfeld eruiert werden, ob bspw. die Teilnahme an Doktorandenkolloquien und/oder Pflichtveranstaltungen während des Semesters erforderlich ist. Solche Bedingungen können sich insbesondere bei externen Dissertationen erschwerend auswirken und erfordern zusätzliche Planung und Organisation. Während der Corona-Pandemie wurden von einigen Hochschulen ausgewählte Kurse auch online an-

69 „Indikator: Unterstützung in der Promotion (SSCO)", Themenbereich: Betreuungssituation, zugegriffen 01. Februar 2022, https://nacaps-datenportal.de/indikatoren/B6.html.

geboten – mit der Intention, diese in Zukunft als hybride Formate[70] weiterzuführen.

Aus Sicht der Betreuungspersonen bedeutet die Begleitung einer Promotion zunächst einmal einen (Mehr-)Aufwand. Knapp 30 % von mehr als 23.000 befragten Doktorand:innen geben an, dass sie nur ca. einmal oder sogar seltener pro Semester einen Austausch mit ihrer Hauptbetreuungsperson haben.[71] Wesentliche Punkte der Arbeit wie Methodik und Inhalte sollten gemeinsam im Rahmen einer Betreuungsvereinbarung festgelegt und in regelmäßigen Abständen hinsichtlich der Zielrichtung überprüft werden. In Baden-Württemberg wurde eine solche Vorgehensweise durch das Landeshochschulgesetz verankert und wird Bundesland-übergreifend bereits bei ca. Dreiviertel einer Nacaps-Befragung unter knapp 24.000 Promovend:innen genutzt.[72] Der Umgang mit Konflikten wird im Großteil der Konstellationen nicht schriftlich fixiert (laut der Nacaps-Auswertung sind dies ca. Zweidrittel der Fälle).[73]

Unsere Gespräche zeigen, dass Doktorväter bzw. Doktormütter bei *externen* Doktorand:innen vermehrt die Erfahrung gemacht haben, dass das Vorhaben abgebrochen wird. Sie sind berufsbegleitenden Promotionen gegenüber daher womöglich eher skeptisch eingestellt. Professorin Simone Winko bestätigt in einem Interview mit ZEIT Campus die Tendenz, dass nebenberufliche Dissertationen der häufigste Grund für eine Beendigung der Promotion sind.[74] Diese qualitative Einschätzung wird gestützt durch Zahlen aus dem Nacaps-Datenportal: Eine „*zu hohe Arbeitsbelastung durch berufliche Tätigkeit*“ stellt den wesentlichsten Grund un-

---

70 Hierbei besteht neben der Präsenz vor Ort auch die Option, online an den Veranstaltungen teilzunehmen.

71 „Indikator: Austauschhäufigkeit mit dem Hauptbetreuer“, Themenbereich: Betreuungssituation, zugegriffen 01. Februar 2022, https://nacaps-datenportal.de/indikatoren/B4.html.

72 „Indikator: Betreuungsvereinbarung“, Themenbereich: Betreuungssituation, zugegriffen 01. Februar 2022, https://nacaps-datenportal.de/indikatoren/B1.html.

73 „Indikator: Inhalte der Betreuungsvereinbarung“, Themenbereich: Betreuungssituation, zugegriffen 01. Februar 2022, https://nacaps-datenportal.de/indikatoren/B2.html.

74 Bosse, „Ruhe in Frieden“.

ter den befragten Teilnehmer:innen dar, einen Promotionsabbruch zu erwägen.[75] Nicht nur für Promovend:innen, sondern auch für Betreuungspersonen ist es höchst unschön, den gemeinsam beschrittenen Weg zu beenden, da bis dato (durchaus von beiden Seiten) nicht nur ein fachliches, sondern auch ein emotionales Investment geleistet wurde. Es gilt daher, die Betreuer:innen nicht nur von dem eigentlichen Thema, sondern auch von der Nachhaltigkeit der intrinsischen Motivation zu überzeugen, um sie für das gemeinsame Projekt zu gewinnen.

## Einfluss- und Erfolgsfaktoren – Thema, Hochschule und Betreuungspersonen

### *Themenwahl bzw. Forschungsfrage*

Möglicher Einfluss auf den Promotionserfolg: *mittel*

Beeinflussbarkeit durch Doktorand:innen: *mittel bis hoch*

Dem eigentlichen Thema der Dissertation kommt insofern eine besondere Bedeutung zu, als dass es den Kern der Arbeit bildet und somit unmittelbar Aufbau, Gliederung und Methodik beeinflusst. Wer den Anspruch hat, auch nach der Einreichung noch aktuelle Erkenntnisse vorweisen zu können, muss sich sehr gründlich überlegen, welche wissenschaftliche Fragestellung anhand welcher Daten und Analysen beantwortet werden soll (inkl. der dafür erforderlichen Updates wie bspw. Literaturrecherchen).

Wissenschaftliche Mitarbeitende bearbeiten oftmals eine Forschungsfrage, die Bestandteil der Arbeit des Lehrstuhls ist, an dem sie angestellt sind. Bei einer berufsbegleitenden, externen Promotion kommt dem Thema u. U. eine „karrierestrategische" Komponente zuteil. Natürlich kann man seine Arbeit schlichtweg an seinen persönlichen Forschungsinteressen orientieren, auch wenn

---

75 „Indikator: Gründe zur Erwägung des Promotionsabbruchs", Themenbereich: Promotionsmotive und Promotionsverlauf, zugegriffen 01. Februar 2022, https://nacaps-datenportal.de/indikatoren/D3.html.

die Schnittmenge zum Beruf entsprechend gering ausfällt. Andererseits besteht auch die Option, eine **Fragestellung mit dem Arbeitgeber zu identifizieren** und somit einen gewissen Rückhalt für die Bearbeitung des Themenkomplexes einzuholen. Auf diese Art und Weise kann das Unternehmen insofern von einer nebenberuflichen Dissertation profitieren, als dass Mitarbeitende profunde Kenntnisse in ihrem Fachbereich aufbauen, die sie zu Expert:innen machen – wenngleich für einen sehr spezifischen (Teil-)Aspekt der ausgeübten Tätigkeit.

Falls das Thema einen direkten Bezug zu Deiner aktuellen beruflichen Position hat, sollte es auch nach einem zwischenzeitlichen Entwicklungsschritt Dein Interesse wecken, da eine längerfristige Bearbeitung ansonsten sehr zäh werden kann. Im Bestfall kann die Themenwahl Synergieeffekte zwischen der Promotion und dem aktuellen Job schaffen, sodass das Eindenken in die zu bearbeitende Thematik nicht allzu großer Anstrengungen bedarf. Fragestellungen, die absehbar lediglich einen kurzen Trend behandeln, sollten vermieden werden, da nicht nur die Beweggründe bzw. die Notwendigkeit einer inhaltlichen Auseinandersetzung schwinden können, sondern darüber hinaus das Thema eventuell bei Veröffentlichung keine Beachtung mehr findet. Falls Du – ggf. vertrauliche – Daten des Arbeitgebers im Rahmen Deiner Dissertation auswerten möchtest, solltest Du Dir bereits im Vorfeld Gedanken machen, wie im Falle eines (internen oder externen) Jobwechsels mit diesem Aspekt verfahren wird. Eine schriftliche Verankerung der Vorgehensweise kann unschöne Überraschungen vermeiden. Generell solltest Du Dir überlegen, welche firmenseitige Datengrundlage sich für eine objektive wissenschaftliche Analyse eignet.

Neben der inhaltlichen Komponente spielt auch eine Rolle, mit welchen Expert:innen eine Kontaktaufnahme i. S. eines **Networking** erfolgen könnte. Wer einen mittel- bis langfristigen Karriereplan hat, kann auf diese Art frühzeitig Weichen zum Austausch mit interessanten Personen aus dem Bearbeitungskontext stellen. Ein bevorstehender Kongress könnte so z. B. im Rahmen einer Dienstreise besucht werden, da hier relevante berufliche Kontakte geknüpft werden.

Gelegentlich entsteht die Idee, eine Dissertation überhaupt zu beginnen, durch ein **Projekt zwischen einem (externen) Hochschullehrenden und einem Unternehmen**, für das diese:r z. B. als Berater:in fungiert. So kann im Rahmen einer solchen Kooperation eine interessante Fragestellung aufkommen, die in dieser Form bisher noch nicht wissenschaftlich untersucht wurde. Hierbei handelt es sich um eine vorteilhafte Kombination, da das Thema aus Sicht der Doktorand:innen eine große Schnittmenge mit der eigentlichen beruflichen Tätigkeit hat und somit optimal als „Dranbleiber" fungieren kann. Auch die fachliche Betreuungsperson wird in dieser Konstellation ein Interesse daran haben, dass die Dissertation erfolgreich abgeschlossen wird.

Da der erste Impuls zur Auseinandersetzung mit einem Thema im Regelfall von den Promotionsinteressierten ausgeht, bestehen grundsätzlich Einflussmöglichkeiten. Oftmals wird die Betreuungsperson mit einer ersten Idee kontaktiert und die finale Forschungsfrage iterativ miteinander abgestimmt. Ähnlich verhält es sich auch bei Promotionsstudiengängen, bei denen das Thema eng mit den Betreuer:innen eruiert wird. Sie werden ebenfalls in nicht unerheblichem Umfang Zeit und Energie in den Prozess investieren und daher auch eigene Vorstellungen einbringen, die womöglich von denen der Promovend:innen abweichen. Daher sollte dieser Schritt sehr sorgfältig ablaufen, denn er prägt den thematischen Rahmen der kommenden Jahre.

**Key Learnings**

- Das Thema der Doktorarbeit stellt einen wichtigen ersten Abstimmungsschritt mit den Betreuungspersonen dar.
- Der konkreten Fragestellung kommt weitreichende Bedeutung zu, da sie die Struktur der Arbeit und den Gang der Untersuchung unmittelbar und nachhaltig beeinflusst.
- Aufgrund ihrer Relevanz sollten Doktorand:innen versuchen, die genaue Forschungsfrage in eine von ihnen präferierte Richtung zu lenken.

### *Hochschule und Promotionsstruktur*

Möglicher Einfluss auf den Promotionserfolg: *mittel*

Beeinflussbarkeit durch Doktorand:innen: *mittel*

Die Initiierung eines Promotionsvorhabens gestaltet sich für externe Doktorand:innen meist schwieriger als für wissenschaftliche Mitarbeiter:innen an einem Lehrstuhl, die in einem direkten Austausch zu Hochschullehrer:innen stehen. Oftmals werden sogar ausschließlich *interne* Promovend:innen betreut. Eine grundsätzliche Entscheidung, der eine sorgfältige Reflexion und Abwägung vorausgehen sollte, ist die Beantwortung der Frage, ob eine „freie" Dissertation oder ein strukturiertes Promotionsstudium die geeignete Wahl ist.

Wer den Weg der **„freien" Promotion** gehen möchte, sollte sich innerlich darauf einstellen, dass für die Initiierung des Promotionsvorhabens u. U. mehrere Kontaktaufnahmen mit potentiellen Betreuungspersonen erforderlich sind. Je nachdem, wie stark der Wunsch nach dem erfolgreichen Abschluss einer Promotion ist, muss man vielleicht auch in Erwägung ziehen, eine Fragestellung zu bearbeiten, die nicht das absolute „Traumthema" darstellt. Dafür eröffnet dieser Schritt womöglich andere Wege: Fachliche Weiterentwicklung in einem neuen Bereich, Aufbau eines Netzwerks zu Wissenschaftler:innen oder interessanter Kontakte – sei es beruflich oder auf menschlicher Ebene. Prinzipiell erscheint es einfacher, an eine externe Promotionsstelle zu gelangen, wenn eine Fragestellung in Form eines sog. Drittmittelprojekts an den jeweiligen Lehrstuhl "mitgebracht" und die Promotionsbetreuung auf diese Art und Weise stellenweise refinanziert wird – auch wenn dies nicht der primäre Faktor bei der Auswahl der Bewerber:innen ist.

Alternativ gibt es die Möglichkeit, sich für ein **Promotionsstudium** zu immatrikulieren, das durch klare Aufnahmekriterien geregelt ist. Hier ist die Einflussmöglichkeit aus Sicht von Doktorand:innen i. S. einer Auswahlmöglichkeit durchaus gegeben. Ein Studienprogramm beinhaltet in aller Regel bestimmte Kurse, Doktorandenkolloquien, Zwischenziele (z.B. in Form von Ergebnispräsentationen) oder auch einen regelhaften Austausch mit den Betreuungspersonen, der eventuell schriftlich dokumentiert werden muss. Der Aufwand solcher flankierenden Maßnahmen der eigentlichen Doktorarbeit mag bisweilen hoch erscheinen, kann jedoch – je nach persönlicher Neigung – eine Struktur geben, die sich unterm Strich positiv auswirkt. Darüber hinaus bieten Hochschulen zumeist Seminare oder Kurse zu dezidierten wissenschaftlichen Themen an (z.B. systematische Literaturrecherche), sodass Promovierende das für die Arbeit erforderliche methodische „Handwerkszeug" direkt an der Uni erlernen können und durch diese Befähigung wiederum unmittelbare Unterstützung bei ihrer Dissertation erhalten.

Zur Form der Promotion gehört auch die Entscheidung „**Monographie oder kumulative Dissertation**?". Nicht jede Hochschule bietet die Möglicheit zu einer Doktorarbeit basierend auf Einzelpublikationen an. Sofern dies eine Präferenz der Promotionsinteressierten darstellt, ergibt sich hieraus bereits eine Einschränkung hinsichtlich der Auswahl. Wer mit dem Gedanken spielt, über ebensolche Veröffentlichungen in Fachzeitschriften zu promovieren, sollte bedenken, dass damit zwei Unsicherheitsfaktoren verbunden sind, die schwieriger steuerbar sind: Zum einen müssen ggf. Co-Autor:innen und deren Input in den Fachbeitrag koordiniert werden, zum anderen ist man dem Peer-Review-Verfahren „ausgesetzt". Dessen Verlauf im Vorfeld zu antizipieren ist sehr schwierig, da neben den Gutachter:innen auch noch eine zeitliche Komponente hinzukommt, die nicht (exakt) planbar ist. Hierbei können lediglich grobe Annahmen getroffen werden. Diese Faktoren gilt es unbedingt zu beachten. Auch wenn der kumulative Weg normalerweise mit deutlich weniger Textseiten einhergeht, darf man daraus keine Rückschlüsse auf den Arbeits- und Zeitaufwand ziehen. Wiederholte Review-Schleifen können schnell zu einer Belastungsprobe werden.

Nicht vernachlässigen sollte man den **Kostenfaktor** eines Promotionsstudiums, besonders dann, wenn dieses an privaten Hochschulen absolviert wird. An diesen fallen die Semester- und somit Gesamtkosten der Promotion in der Regel (deutlich) höher aus als an öffentlichen Universitäten. Dies sollte bei der Planung zwingend berücksichtigt werden, da diese Tatsache möglicherweise ein Ausschlusskriterium für diesen Weg darstellen kann. Neben den Studiengebühren können auch Kosten für Auslandsaufenthalte anfallen, was in der Gesamtbetrachtung ebenfalls zu beachten ist. Wie die Rückmeldungen aus der Doktorand:innen-Befragung für dieses Buch zeigen, kann dies allerdings auch als innere Verpflichtung zum disziplinierten Angehen des Promotionsvorhabens interpretiert werden und sich somit sogar vorteilhaft auf den Erstellungsprozess auswirken. Unsere Gespräche ergaben ebenfalls Hinweise darauf, dass bei kostenintensiven Formaten durchaus eine Regelmäßigkeit bzw. Verlässlichkeit in der Betreuung sichergestellt ist. Dieser Punkt unterstreicht die Notwendigkeit einer kritischen initialen Selbstreflexion hinsichtlich der eigenen Präferenzen und Umsetzungsmöglichkeiten (auch finanzieller Art). Wer einen Kredit aufnehmen müsste und dies als Belastung ansieht, mag eine öffentliche Hochschule mit geringeren Studiengebühren bevorzugen.

Für beide Wege – externe („freie") Promotion und Promotionsstudium – sollte eine **orientierende Recherche im Internet** erfolgen und Hochschulen nach den persönlich relevanten Kriterien ausgewählt werden (z.B. Wohnortnähe, Höhe der Studiengebühren). Idealerweise basiert die Entscheidung nicht alleinig auf der Online-Darstellung der Lehrstühle, sondern wird stets mit praktischen Erfahrungswerten vorheriger Absolvent:innen abgeglichen. Im Fokus Deiner Suche stehen dabei idealerweise Universitäten, die eine gewisse Anzahl an *externen* Doktorarbeiten erfolgreich betreut haben. Dies ist vor allem wichtig, da hier Unterschiede im Betreuungsverhältnis auftreten (können): Für berufsbegleitend Promovierende ist es schwieriger, einen intensiven Kontakt zum Lehrstuhl zu halten und die Spezifika von prozessualen Abläufen bzw. Regelungen an der Hochschule zu kennen.

**Praxistipp**

Business-Netzwerke wie LinkedIn oder Xing ermöglichen eine schnelle Kontaktaufnahme mit Alumni der Zielhochschule. Auch wenn nicht jede:r Angeschriebene antworten wird, bestehen doch Chancen, dass eine solch einschneidende Erfahrung gerne mit Promotionsinteressierten geteilt wird.

Die der Doktorarbeit zugrunde liegende **Promotionsordnung**, d.h. die formalen Anforderungen an einen erfolgreichen Abschluss, beeinflusst den Verlauf der Erstellungs- und Einreichungsphase grundlegend. Ein wesentlicher Unterschied auf der Zielgeraden kann bspw. sein, ob man ein Rigorosum oder eine Disputation absolvieren muss. Während letztere in der Regel eine reine Verteidigung der eigenen Arbeit i. S. einer „Challenge" ist, stellt ein Rigorosum zumeist eine umfangreichere Prüfung über zusätzlichen Stoff dar und erfordert somit deutlich mehr Vorbereitungszeit – ein Faktor, der bei einer berufsbegleitenden Promotion durchaus von Relevanz sein kann. Zu diesem Zeitpunkt ist die eigentliche Arbeit bereits eingereicht und nach diesem großen Meilenstein fällt bereits eine Last von den Doktorand:innen ab. Das theoretische „Reinpauken" von Fächern, die im weiteren beruflichen Verlauf aller Voraussicht nach keinerlei praktische Bedeutung mehr haben werden, kann (vor allem parallel zum Job) spürbar Energie rauben.

Für beide beschriebenen Modelle existieren sowohl Positiv- als auch Negativbeispiele, sodass keine allgemeingültige Schlussfolgerung gezogen werden kann. Generell kann man wie bereits erwähnt davon ausgehen, dass ein strukturiertes Programm durch regelmäßige Interaktionen zwischen Doktorand:in und Hochschule einen positiven Einfluss auf die Dissertation hat. Von diesem Aspekt können insbesondere nebenberufliche Promovierende profitieren.

> **Key Learnings**
>
> - Grundsätzlich haben externe Doktorand:innen die Wahl zwischen einer „freien" Promotion und einem strukturierten Promotionsstudium.
> - Ein Promotionsstudium kann weitere Prüfungsleistungen beinhalten, die zusätzliche Zeit in Anspruch nehmen, was sich bei einer externen Doktorarbeit besonders bemerkbar machen kann.
> - Neben persönlichen Präferenzen sollten auch finanzielle Aspekte bei der Entscheidung berücksichtigt werden.

### *Betreuungspersonen*

Möglicher Einfluss auf den Promotionserfolg: *hoch*

Beeinflussbarkeit durch Doktorand:innen: *gering bis mittel*

Das Verhältnis zwischen der betreuenden und der promovierenden Person kann in einigen Fällen zu einer großen Herausforderung werden. Zunächst einmal wird mit diesem Schritt der Dissertation ein weiterer ***menschlicher* Faktor** hinzugefügt, der im Vergleich zu anderen Aspekten (wie dem eigenen Zeitmanagement) weniger gut steuerbar ist. Des Weiteren existieren in einigen Fällen Zielkonflikte: Während der Doktorand bzw. die Doktorandin bereits eine subjektive Richtung anvisiert (bspw. eine effiziente und pragmatische Vorgehensweise parallel zum Beruf), verfolgen Professor:innen u. U. andere Absichten (z. B. eine umfangreiche wissenschaftliche Aufbereitung im Rahmen von (mehreren) Publikationen).

Ein Grund für die mögliche Brisanz des Verhältnisses zwischen Promovend:in und Doktorvater bzw. Doktormutter ist das hierarchische Ungleichgewicht; im Regelfall profitiert die Betreuungsperson nicht direkt von der Doktorarbeit, vor allem da sie sich über einen längeren Zeitraum erstreckt und das Ergebnis somit nicht unmittelbar greifbar ist. Auf diesem Weg sind viele Investitionsschritte aus Sicht der Betreuer:innen erforderlich, die in erster Linie Zeit kosten. Hinsichtlich des Erfahrungsschatzes existiert zwischen Betreuungsperson und Doktorand:in eine Dysbalance, die mit der Notwendigkeit einer fachlichen und strukturellen Anleitung der Promovend:innen einhergeht.

Wolf Schneider schreibt in diesem Zusammenhang in seinem Buch *„Deutsch für junge Profis"*: *„Für die Doktorarbeit ist die Zielvorstellung klar: Sie braucht einen einzigen Leser, der immer bis zum Schluss liest; er hegt bestimmte Erwartungen, und die kennen Sie."*[76] Promovierende sollten die Anforderungen ihrer Betreuer:innen also gut kennen und diese nicht ignorieren. Spätestens beim finalen Review der Arbeit kann es sonst zu bösen Überraschungen kommen. Dies bedeutet nicht, die Dissertation ausschließlich nach dem Geschmack des Doktorvaters oder der Doktormutter zu erstellen, besonders wenn es Diskrepanzen beim methodischen Vorgehen gibt. Das Maximalziel stellt ein Austausch auf Augenhöhe dar. Im schlimmsten Fall resultiert die Beziehung zwischen Doktorand:innen und Betreuungspersonen in einem Abhängigkeitsverhältnis zu Ungunsten der Promovend:innen.

In Analogie zum Projektmanagement fällt die Interaktion mit den Betreuungspersonen in den Kontext des sog. **„Stakeholdermanagement"**. Das bedeutet, dass man die Sichtweisen und Ansprüche dieser wichtigen Interessenparteien der eigenen Dissertation kennt und entsprechend berücksichtigt; diese gar in seinem Sinne zu *lenken* mag ein hochgestecktes Ziel sein. Es wird nicht wenige Doktorand:innen geben, die im Verlauf ihrer Arbeit festgestellt haben, dass sich die Perspektive ihrer (Haupt-)Betreuungsperson seit Beginn der Zusammenarbeit verändert und eventuell erhebliche Richtungswechsel vollzogen hat. Diese zu „managen" stellt eine große Herausforderung dar. Das (schriftliche) Fixieren von Vereinbarungen und damit das Festhalten des konkreten weiteren Vorgehens kann ein hilfreicher Ansatzpunkt sein, um Verbindlichkeit zu schaffen und Überraschungen vorzubeugen. Bei strukturierten Promotionsprogrammen existiert u. U.

76 Wolf Schneider, *Deutsch für junge Profis* (Rowohlt Verlag, 2011).

auch ein Studienbuch, in dem die Absprachen festgehalten werden können bzw. sollen. Falls dies nicht Teil der Promotionsordnung ist, bietet es sich an, dies als beidseitig transparente Informationsbasis zu Beginn der Promotion zu etablieren.

Was bedeutet dies für Dich? Niemand kann den Verlauf eines Betreuungsverhältnisses im Detail antizipieren, allerdings sollte gründlich eruiert werden, wer für ein solch mehrjähriges Vorhaben geeignet ist. Wenn Du bei der Auswahl des Doktorvaters oder der Doktormutter nicht auf ein **bestehendes Netzwerk** zurückgreifen kannst (z. B. über Firmenprojekte oder aus dem persönlichen Umfeld), solltest Du über den Lehrstuhl („freie" Promotion) oder über die Internetseite der Hochschule (Promotionsstudium) initial Kontakt aufnehmen und den Austausch suchen. Falls zu Beginn keine persönliche Interaktion besteht, die eine eigene Einschätzung erlaubt, kannst Du bspw. mit vorherigen bzw. aktuellen Doktorand:innen das Gespräch suchen. Manchmal führen Universitäten auf ihren Internetseiten eine Liste ehemaliger Promovend:innen, die das Verfahren bereits erfolgreich durchlaufen haben. Gelegentlich werden auch **Informationsveranstaltungen** angeboten, welche typische Themenfelder adressieren und damit den Entscheidungsprozess maßgeblich unterstützen können. Darüber hinaus bieten sie eine hervorragende Gelegenheit, mit den im Rahmen solcher Events vortragenden Personen ein **Anschlussgespräch** zu führen.

**Key Learnings**

- Der Interaktion zwischen Doktorand:in und Betreuungspersonen kommt grundsätzlich eine hohe Bedeutung zu.
- Da es sich um einen menschlichen Faktor handelt, sind die Einflussmöglichkeiten aus Sicht von Promovend:innen tendenziell eher gering.
- Die konkreten inhaltlichen Anforderungen der Betreuer:innen sollten bekannt sein und in einem transparenten und regelmäßigen Austausch hinsichtlich der Zielrichtung der Dissertation abgeglichen werden.

### 3.1.3 Formale Vorbereitungsschritte

Nach den im vorherigen Abschnitt erläuterten Schritten, stellt die formale Annahme der Dissertation an der Hochschule den nächsten wichtigen Meilenstein dar. Dies kann je nach Einrichtung und dort gültiger Promotionsordnung sehr unterschiedlich ablaufen. Im Regelfall ist diese Akzeptanz seitens des Promotionsausschusses erforderlich. Oftmals beinhalten Promotionsordnungen sogar spezifische Hinweise, dass mit der Erstellung der Arbeit, nicht begonnen werden darf, bevor dieses offizielle „Go“ erteilt wurde. Die Erstellung einer Dissertationsanzeige (ggf. verbunden mit Anpassungen im Nachgang der Sitzung der Promotionskommission) bis hin zu einer ersten Verteidigung des angestrebten Konzepts sind mögliche konkrete Berührungspunkte mit der Universität und werden zumeist sehr ambitioniert und voller Energie angegangen, um diese erste Hürde zu nehmen. Dass diese Schritte abends und/oder am Wochenende ablaufen, fällt an dieser Stelle nicht so sehr ins Gewicht, da die intrinsische Motivation die hierfür erforderlichen Kräfte freisetzt und entsprechende Zeitfenster schafft.

Zu diesem Zeitpunkt trägt die Euphorie angehende Promotionsstudierende mit all ihren Beweggründen bei der Durchführung ihres Vorhabens – absolut zurecht, da hier neben der Auswahl der Betreuungsperson(en) bereits die inhaltliche Abstimmung der Forschungsfrage erfolgte. Das „Festzurren“ eines Themas stellt einen durchaus intensiven Prozess dar; es ist nicht davon auszugehen, dass hierfür ein einziger Abstimmungsschritt ausreicht, sondern dass der Konzeptentwurf mehrfach erörtert werden muss – sei es telefonisch, schriftlich oder im persönlichen Austausch. In aller Regel verstreichen von der ersten Idee in Bezug auf einer Doktorarbeit bis zur Annahme des Themas an der Universität bereits mehrere Monate. Während Betreuungspersonen möglicherweise bereits sehr genaue Vorstellungen zur Bearbeitung einer Fragestellung haben, orientieren sich Doktorand:innen eventuell noch. So liegt die Hauptherausforderung an dieser Stelle darin, auf wenigen Seiten ein überzeugendes Konzept darzustellen, das die nächsten Jahre maßgeblich prägen wird. Vorlagen hierzu gibt es entweder spezifisch von Seiten der Hochschule oder können exemplarisch über eine Internetsuche unkompliziert gefunden werden.

Nachdem der erforderliche Startschuss erteilt wurde, kann das Schreiben am eigentlichen Manuskript beginnen. Hier existieren an jeder Hochschule spezifische Regelungen. Während des intensiven Durcharbeitens der Promotionsordnung findet man zumeist auch eine Art Vorlage, in der z. B. Schriftart, Schriftgröße und Formatierungen oder auch der geforderte Aufbau (Titelseite, Verzeichnisse, Anlagen etc.) vorgegeben wird. Alternativ kann man sich an früheren Doktorarbeiten orientieren – insbesondere, wenn es keine einheitlichen Regelungen für die Struktur des Dokuments gibt.

**Praxistipp**

Es ist empfehlenswert, sich vor Beginn des Schreibprozesses Gedanken zu der dafür benötigten Technik zu machen. Dies beinhaltet u. a. die Auswahl der für die eigene Fragestellung am besten geeigneten Textverarbeitungssoftware[77] und Literaturverwaltung, aber womöglich auch die Anschaffung eines externen Monitors, der mehrere Fenster nebeneinander darstellen kann. An einigen Universitäten erhalten immatrikulierte Studierende kostenfreie oder vergünstigte Softwarelizenzen, die für die Erstellung der Dissertation genutzt werden können.

Sobald die formalen und strukturellen Grundlagen gelegt sind, sollte mit einem dezidierten Aufbau im Sinne einer sinnvollen Gliederung zur Beantwortung der Forschungsfrage begonnen werden. Es macht Sinn, diesem Aspekt ausreichend Zeit zu widmen, da es die nachfolgenden Schritte erleichtert und die Arbeit strukturiert. Zu diesem Zeitpunkt herrscht ein deutlich spürbarer Tatendrang, der unbedingt genutzt werden sollte. Nicht nur wurde die ers-

77 Für bestimmte naturwissenschaftliche Fächer eignet sich z. B. die Software „LaTeX" besser als Programme wie „Microsoft® Word", da bspw. komplexe mathematische Formeln besser umsetzbar sind.

te Hürde in der Interaktion mit der Universität genommen, auch sprühen in dieser Phase meist die Ideen aus den Promovend:innen heraus, wie man sich dem eigenen Thema intensiv nähern und der Wissenschaft zukünftig neue Erkenntnisse präsentieren kann.

### *Einfluss- und Erfolgsfaktoren – Formale Vorbereitungsschritte*

Möglicher Einfluss auf den Promotionserfolg: *hoch*

Beeinflussbarkeit durch Doktorand:innen: *gering*

Das „Abarbeiten" der formalen Anforderungen des Lehrstuhls mag die aufkeimende Euphorie und vorhandene Energie des ersten Abschnitts der Promotion ein wenig trüben, da sich das Zusammenstellen aller Informationen und Dokumente – ggf. unter Berücksichtigung von Fristen – wie eine lästige Pflichtaufgabe anfühlen kann. Dennoch ist all das notwendig, um den eigentlichen Schreibprozess zu initiieren.

Wer diesen Schritt mit der nötigen Struktur angeht, kann ihn pragmatisch und effizient abschließen, ohne sich und andere dabei unnötigem Stress auszusetzen. Unumgänglich ist das genaue Durcharbeiten der Promotionsordnung. Diese regelt die Formalia wie Art und Umfang der einzureichenden Dokumente inkl. zusätzlicher Informationen wie Passfotos. Da hierzu auch Inhalte gehören, die nicht alleinig in den Verantwortungsbereich der Doktorand:innen fallen (z.B. Begleitschreiben der Betreuer:in bei externen Promotionen) oder die eine Vorlaufzeit benötigen (bspw. universitäre Vorkurse), sollten diese Schritte frühzeitig bekannt sein bzw. eine gewisse Pufferzeit eingeplant werden. Wer auf die Unterstützung seiner Betreuungspersonen angewiesen ist, erleichtert die Interaktion mit diesen bspw. durch die Erstellung von vorformulierten Versionen erforderlicher Schreiben, sodass im Bestfall lediglich eine Unterschrift zur Finalisierung von Dokumenten notwendig ist. Ein guter Kontakt zum Promotionsbüro, kann bei eventuellen Rückfragen hilfreich sein. Dies betrifft nicht nur diese erste Phase der Promotion, sondern gilt für den gesamten Verlauf des Prozesses.

**Key Learnings**

- Das Erfüllen der Formalia der Hochschule stellt einen notwendigen Schritt auf dem Weg zum eigentlichen Schreiben an der Doktorarbeit dar.
- Die Promotionsordnung liefert in der Regel alle erforderlichen Informationen zur erfolgreichen Bewältigung dieses Schrittes; das Promotionsbüro kann bei offenen Fragen Hilfestellung geben.
- Ein sinnvolles (Technik-)Setup, bei dem auch die Hochschule unterstützen kann (z. B. durch Software-Lizenzen), erleichtert die Bearbeitung der Dissertation und kann mit Blick auf den „Startschuss" zusätzlich motivierend wirken.

Als Erleichterung für diese letzte Hürde vor der eigentlichen Schreibarbeit dient eine Checkliste mit orientierenden Fragen.

*Checkliste: „Formale Vorbereitungsschritte"*

- Liegt mir die **Promotionsordnung** meines Lehrstuhls vor, aus der die formalen Anforderungen an eine Doktorarbeit eindeutig hervorgehen?
- Existieren **weitere Regelungen und Bestimmungen** von Seiten des Promotionsbüros (z. B. Fristen oder Formatvorlagen)?
- Habe ich ein ausreichend gutes **Verständnis zum Kontext meiner Forschungsfrage**, um diese bei Rückfragen durch den Promotionsausschuss verteidigen zu können?
- Habe ich für die **Dissertationsanzeige** meine Fragestellung in die erforderliche bzw. eine für den externen Leser nachvollziehbare Struktur gebracht?
- Stehen meine **Betreuer:innen** zu dem Vorgehen und unterstützen die Einreichung der wissenschaftlichen Fragestellung beim Promotionsausschuss?

- Werden für die Anzeige des Promotionsvorhabens **weitere Dokumente** oder bspw. ein aktuelles Passfoto benötigt, deren Einholung eine gewisse Vorlaufzeit benötigt?
- Sind mir die **Unterstützungsmöglichkeiten** von Seiten der Hochschule bekannt (z. B. kostenlose bzw. vergünstigte Softwarelizenzen oder Zugriff auf bestimmte wissenschaftliche Informationen und Plattformen)?
- Unterstützt mein **„Schreib-Setup“** eine zielgerichtete und ergonomische Bearbeitung des Themas (Schreibtisch, Bürostuhl, Monitor etc.)?

Die nachfolgende Tabelle fasst die in diesem Unterkapitel beschriebenen Einflussfaktoren der Einleitungsphase noch einmal in einer Übersicht zusammen (siehe Tabelle 2: Einflussfaktoren der Phase „Einleitung“).

**Tabelle 2: Einflussfaktoren der Phase „Einleitung“ (Eigene Darstellung)**

| Einleitung | Möglicher Einfluss auf den Promotionserfolg | Beeinflussbarkeit durch Doktorand:innen |
|---|---|---|
| **Eigene Persönlichkeit** | hoch | mittel |
| **Persönliche Motivation** | mittel bis hoch | mittel |
| **Aktueller Beruf** | hoch | mittel bis hoch |
| **Eigener Freizeitanspruch** | mittel bis hoch | hoch |
| **Themenwahl bzw. Forschungsfrage** | mittel | mittel bis hoch |
| **Hochschule und Promotionsstruktur** | mittel | mittel |
| **Betreuungspersonen** | hoch | gering bis mittel |
| **Formale Vorbereitungsschritte** | hoch | gering |

Es zeigt sich, dass alle in der initialen Startphase einer Doktorarbeit genannten Aspekte einen nicht unerheblichen Einfluss auf den Verlauf der Dissertation haben können. Eine sorgfältige Reflexion zu Beginn des Promotionsvorhabens ist unerlässlich, um den Gesamtprozess nicht mit einer falschen Erwartungshaltung zu starten.

An der Schnittstelle zur Hochschule ist erkennbar, dass lediglich bei der Auswahl des Promotionsthemas eine spürbare Einflussnahme durch Doktorand:innen möglich ist. Die formalen Regelungen an der Universität sind für gewöhnlich unveränderlich und auch die Interaktion mit den Betreuer:innen spielt sich innerhalb relativ enger „Leitplanken" ab. Wer hier jedoch mit der nötigen Strukturiertheit zielgerichtet vorgeht, kann diese Hürde ohne Probleme nehmen.

## 3.2 „Hauptteil" – Erstellungsphase

Der Hauptteil der Promotion ist die Phase der eigentlichen Erstellung der Doktorarbeit, die als „Hauptwerk" das wesentliche Ergebnis darstellt. Die nachfolgende Abbildung zeigt die in diesem Abschnitt erörterten Meilensteine „**Schreibprozess**", „**Rückschläge und Zweifel**" sowie die „**Einreichung**", anhand derer die wesentlichen Einflussfaktoren dieses Stadiums der Dissertation beschrieben werden (siehe Abbildung 8: Die Erstellungsphase einer berufsbegleitenden Promotion). Am Ende dieses Kapitels solltest Du ein Gefühl dafür entwickelt haben, welche Herausforderungen Dich während des Schreibens erwarten können und wie Du bestmöglich mit ihnen umgehen kannst.

**Abbildung 8: Die Erstellungsphase einer berufsbegleitenden Promotion (Eigene Darstellung)**

### 3.2.1 Schreibprozess

Der Schreibprozess wird aller Voraussicht nach der Abschnitt sein, bei dem sich Höhen und Tiefen (regelmäßig) abwechseln. Er nimmt auch den größten zeitlichen Anteil ein und beträgt nach einem Bericht der Hochschul-Informations-System GmbH (HIS) fächerübergreifend im Schnitt viereinhalb Jahre; „freie" Promotionen dauern dabei in der Regel länger als Promotionsprogramme oder Dissertationen im Rahmen von Forschungsprojekten.[78] Als einer der größten Einflussfaktoren auf die Promotionsdauer wird im Rahmen der Erhebung die Unterscheidung in „Vollzeit" oder „berufsbegleitend" genannt; Naturwissenschaften haben laut Untersuchung tendenziell kürzere Promotionsdauern, Geisteswissenschaften eher längere, wohingegen Rechts-, Wirtschafts- und Sozialwissenschaften hinsichtlich des Gesamtprozesses dazwischen anzusiedeln sind.[79] Ein Einfluss der Dauer auf das Ergebnis der Arbeit lässt sich nach unserer Einschätzung nicht nachweisen, d.h. wer länger an seiner Doktorarbeit schreibt, erhält nicht unbedingt eine bessere Qualität seiner Forschungserkenntnisse. Ergänzend ist hierbei anzumerken, dass quantitative Angaben zu Dissertationen nicht regelhaft erfasst werden und dementsprechend keine breite Datenbasis für eine solche Auswertung existiert.[80]

Ein Beitrag in ZEIT Campus widmet sich typischen Herausforderungen, die während dieser Phase auftreten: das „Auf-sich-alleine-gestellt-Sein", die Finanzierung der Doktorarbeit, die erforderliche Selbstorganisation und möglicherweise sich ent-

---

78 Steffen Jaksztat, Nora Preßler, und Kolja Briedis, *Promotionen im Fokus: Promotions- und Arbeitsbedingungen Promovierender im Vergleich*, Forum Hochschule, 2012,15 (Hannover: HIS, 2012).

79 Jaksztat, Preßler, und Briedis.

80 Meike Vollmar, „Neue Promovierendenstatistik: Analyse der ersten Erhebung 2017", *Statistisches Bundesamt* Methoden WISTA-das Wissenschaftsmagazin, Nr. 1/2019, zugegriffen 01. Februar 2022, https://www.destatis.de/DE/Methoden/WISTA-Wirtschaft-und-Statistik/2019/01/neue-promovierendenstatistik-012019.pdf?__blob=publicationFile.

wickelnde Belastungssituationen.[81] Letztere werden begünstigt, wenn parallel mehrere Interessen unter einen Hut gebracht werden müssen – was naturgemäß bei nebenberuflichen Doktorarbeiten der Fall ist. Während der Großteil des Tages durch die Arbeit im eigentlichen Job bereits verplant ist, können u. a. durch familiäre Verpflichtungen auch die Abendstunden für das Schreiben stark dezimiert werden. Wer in einer solchen Konstellation dann z. B. noch Wert auf sportliche oder soziale Aktivitäten legt, wird an mindestens einer Stelle Abstriche machen müssen. Denn der Tag hat auch für berufsbegleitende Doktorand:innen nur eine begrenzte Zeit.

> ***„Ausreichend Zeit (am Stück) zur Erstellung zu haben, trotz Beruf und familiären Verpflichtungen (vor allem Betreuung von eigenen Kindern).“***
>
> (Nebenberuflicher Doktorand auf die Frage nach der größten Herausforderung)

Ein Literatur-Review untersuchte den Zusammenhang zwischen einer Promotion und den Auswirkungen auf das Wohlbefinden von Doktorand:innen: Der Großteil der Promovierenden erlebt während der Erstellungsphase bestimmte Situationen, die sich in Form von Druck äußern können; Deadlines für die Einreichung von Publikationen bei kumulativen Dissertationen, finanzielle Unsicherheiten, Interaktionen zwischen Promovend:in und Betreuungsperson(en) sind typische Beispiele für potentielle Stressoren in dieser Zeit.[82] Gerade bei nebenberuflichen Doktorarbeiten können durch zusätzliche Rollen (z. B. Führungskraft) und die damit einhergehenden Erwartungen weitere Belastungsfaktoren hinzukommen. Mögliche Wege zur Bewältigung solcher Heraus-

---

81 Katja Bosse, „ICH KRIEG DIE KRISE!“, ZEIT Campus, 28. Oktober 2017, https://www.zeit.de/campus/2017/06/promotion-doktoranten-probleme/komplettansicht.

82 Manuela Schmidt und Erika Hansson, „Doctoral students' well-being: a literature review“, *International Journal of Qualitative Studies on Health and Well-being* 13, Nr. 1 (1. Januar 2018): 1508171, https://doi.org/10.1080/17482631.2018.1508171.

forderungen in dieser wichtigen Phase der Promotion werden nachfolgend erörtert.

### 3.2.2 Rückschläge und Zweifel

Wie eingangs des Buchs beschrieben, stellt eine Doktorarbeit eine selbständige wissenschaftliche Arbeitsleistung dar, bei der es im Gegensatz zu den recht stark „verschulten" Abschlüssen Bachelor und Master kaum Orientierung in Bezug auf eine konkrete Vorgehensweise gibt. Erschwerend hinzu kommt die Tatsache, dass es über lange Strecken keine Form der Rückmeldung für erfolgreich absolvierte (Zwischen-)Schritte gibt. Ausnahmen hiervon kann es bei kumulativen Dissertationen geben, wenn (von Peer-Review Journals akzeptierte) Publikationen als konkretes Arbeitsergebnis vorliegen. Darüber hinaus gibt es jedoch im Regelfall kein Feedback, geschweige denn ein Lob, dass man den Promotionsprozess z. B. so diszipliniert vorantreibt.

In nicht wenigen Fällen kommt im Zuge der Schreibphase ein Punkt, an dem Du Dir die Frage stellst, ob Deine individuellen Rahmenbedingungen die Fortführung der Doktorarbeit erlauben. Nach Angaben des HIS denkt nahezu jede:r Zweite (wiederholt) über einen Abbruch nach; diese Gedanken treten insbesondere bei einer Promotionsdauer von mehr als drei Jahren vermehrt auf.[83] Leider existieren dahingehend keine belastbaren Zahlen, nach Schätzungen liegt die Abbrecherquote übergreifend bei mindestens 25 %.[84] Mit Ausnahme der Mathematik und Naturwissenschaften liegt die Erfolgsquote von Promotionen vermutlich unter 50 % – unabhängig davon, ob diese in Vollzeit oder berufsbegleitend erstellt wurde.[85]

---

83 Jaksztat, Preßler, und Briedis, *Promotionen im Fokus: Promotions- und Arbeitsbedingungen Promovierender im Vergleich*.

84 Johann Osel, „Karriere schlägt Doktorhut", Süddeutsche Zeitung, 29. Juli 2013, https://www.sueddeutsche.de/bildung/abbruchquote-bei-promotionen-karriere-schlaegt-doktorhut-1.1732141.

85 „Bundesbericht Wissenschaftlicher Nachwuchs 2017: statistische Daten und Forschungsbefunde zu Promovierenden und Promovierten in Deutschland".

Im Rahmen eines Forschungsprojekts der Otto-von-Guericke-Universität Magdeburg mit dem Namen *„Ausstieg Promotion?"* wurden 25 Promotionsstudentinnen und -studenten diverser Fachrichtungen, die ihre Doktorarbeit abgebrochen haben, hinsichtlich der Beweggründe befragt.[86] Die Ergebnisse lassen keinen Rückschluss auf den *einen* Anlass zu, sondern sie sind vielmehr multifaktoriell begründet. Beginnend mit Finanzierungsthemen, mangelnden Berufsaussichten und problematischen Konstellationen mit der Betreuungsperson sowie wissenschaftlich gelagerten Hindernissen (z. B. mangelnde Daten) reichen sie bis hin zu den oben erwähnten Belastungssituationen, ausgelöst durch parallele Berufsausübung und/oder Familie; dem endgültigen Entschluss geht laut Bericht eine längere Phase des *„Abwägens und Haderns"* voraus.[87]

Diese Zahlen reflektieren naturgemäß nicht die individuellen persönlichen Situationen (um nicht von „Schicksalen" zu sprechen), die sich hinter jedem Einzelfall verbergen. Jede Entscheidung für ein Nichtfortsetzen des Promotionsvorhabens bedeutet, dass die bis dahin investierte Arbeitszeit und -leistung nicht zu dem ursprünglich anvisierten Endergebnis führt, dem Doktortitel. Es mag Fälle geben, in denen dieser Schritt einfacher vollzogen werden kann (bspw. bei einer Geburt oder einem Hauskauf), und sicherlich existieren auch Konstellationen, in denen die Entscheidung gelegentlich fremdbestimmt ist (z. B. im schlimmsten Fall durch Versterben der Betreuungsperson). Nicht immer lässt sich für jede individuelle Situation eine Lösung zur Fortsetzung einer Dissertation finden; so können bei einem Wechsel der Uni auch formale Herausforderungen zwischen Promotionsordnungen unterschiedlicher Universitäten eine Fortführung verhindern.

Natürlich kann einem niemand die Lernerfahrungen nehmen, die man als Doktorand:in bis zu diesem Zeitpunkt gemacht hat – sei es auf wissenschaftlicher oder methodischer Seite. Im Zuge

86 Anja Franz, „Der Doktortitel kann mich mal", SPIEGEL, 11. August 2014, https://www.spiegel.de/lebenundlernen/job/doktorarbeit-promovenden-verzweifeln-an-uni-und-promotion-a-983370.html.

87 Franz.

einer kumulativen Promotion bleiben die bis dato publizierten Erkenntnisse in jedem Fall als konkretes Resultat für die Forschung erhalten und sind für die Allgemeinheit sichtbar.

> ***„Ja, denn es war lehrreich und hat mir Spaß gemacht, sich wissenschaftlich in ein bestimmtes Thema zu vertiefen und auch das nötige methodische Rüstzeug zu erlernen."***
>
> (Promovend, dessen Doktorarbeit offiziell ruht, auf die Frage, ob er auf Basis seines heutigen Wissensstandes nochmals eine nebenberufliche Dissertation beginnen würde)

### 3.2.3 Einreichung

Wer davon ausgeht, dass mit dem Abschluss des Schreibprozesses die Dissertation „durch" ist, erlebt dann meist hautnah, was es bedeutet, formale (Hochschul-)Anforderungen erfüllen zu müssen. Bei sehr textlastigen Doktorarbeiten (z. B. in den Geistes- und Sozialwissenschaften) kann der Finalisierungs- und Einreichungsprozess bisweilen ein halbes Jahr in Anspruch nehmen.[88] Je nach Promotionsordnung existieren dezidierte Checklisten zur Einreichung; falls nicht, macht es durchaus Sinn, sich eine solche Struktur anhand der Spezifika der Universität zu erstellen und systematisch abzuarbeiten. Hier gilt es, die Vorgaben des Lehrstuhls wie z. B. Anzahl der einzureichenden Exemplare, Aufbau der schriftlichen Erklärung sowie des Begleitschreibens, Art der digitalen Versionen (DVD bzw. USB-Stick), erforderliche Bescheinigungen und Zertifikate, Lebenslauf und Passfoto exakt abzuhaken. Unnötige Schleifen mit dem Promotionsbüro sollten zum Wohle aller Beteiligten vermieden werden.

Der Einreichung voraus gehen in aller Regel diverse Reviews – aus dem eigenen Umfeld (insbesondere für fachliche bzw. inhaltliche Aspekte), durch ein professionelles Lektorat (mit Fokus auf Rechtschreibung, Grammatik und Verständlichkeit) und/oder

---

88 Kathrin Fromm, „5,4,3,2...", *ZEIT Campus*, zugegriffen 01. Februar 2022, https://www.zeit.de/campus/ratgeber-promotion/2019/01/doktorarbeit-einreichen-promotionsabschluss-dissertation.

eine finale Durchsicht durch die Betreuungsperson(en) selbst. Wenn das Gesamtpaket per Post verschickt oder persönlich im Promotionsbüro abgegeben wurde, setzt zunächst eine große Erleichterung ein – ggf. nicht unmittelbar, sondern erst, wenn sich die Anspannung mehrerer Jahre ein wenig gesetzt hat.

**Praxisbeispiel – Interaktion mit Doktorvater**

Ein Doktorand versuchte über Wochen, einen Termin mit seinem Betreuer abzustimmen, um die Einreichung seiner Dissertation vorzubereiten. Die ersten Mails wurden gar nicht beantwortet und irgendwann wurde in sehr knapper Form auf das Sekretariat verwiesen, mit dem ein Zeitfenster abzustimmen sei. Nachdem endlich ein Termin gefunden war, wurde dieser kurzfristig abgesagt, weil andere „Verpflichtungen" dazwischengekommen sind. Der Promovend konnte richtungsweisende inhaltliche Fragen nicht mit seinem Doktorvater abstimmen und trat auf der Stelle. Neben dieser persönlichen Frustration quälte ihn die Sorge, den Professor mit jeder weiteren Nachfrage zu vergraulen.

In diesem Beispiel hat schlussendlich eine Mischung aus Geduld und Hartnäckigkeit zum gewünschten Ergebnis geführt. Auf die Mails folgten irgendwann SMS auf das Handy des Betreuers mit konkreten Fragen und dem Hinweis auf die Notwendigkeit der Einhaltung von Timelines.

Diese Situation unterstreicht die unterschiedlichen Prioritäten der am Promotionsprozess beteiligten Personen. Während die Doktorarbeit für Promovend:innen oberste Priorität hat, gehen Professor:innen in aller Regel noch (zahlreichen) anderen Aufgaben nach, die eventuell einen höheren Stellenwert für sie haben. Dessen sollte man sich als Doktorand:in bewusst sein. Eine für beide Seiten transparente Planung mit vereinbarten Meilensteinen kann die „positive Betroffenheit" der Betreuungspersonen hinsichtlich der Doktorarbeit und im Ergebnis das Engagement erhöhen.

Es kommt durchaus vor, dass die Weiche in Richtung Verteidigung an dieser Stelle noch nicht abschließend gestellt ist, da neben Erst- und Zweibetreuer:innen je nach Promotionsordnung auch noch Drittgutachter:innen hinzugezogen werden. Hierbei handelt es sich um eine Person, die weder dem Doktoranden bzw. der Doktorandin noch den anderen beiden Gutachter:innen bekannt sein kann. Dieser Schritt ist mit Blick auf die sog. „Gute Wissenschaftliche Praxis" zu begrüßen, da er für mehr Objektivität und Neutralität in der Bewertung sorgen soll (vergleichbar einem Peer-Review). Aus Sicht der Promovend:innen kommt dadurch allerdings ein weiterer „Stakeholder" hinzu, der möglicherweise eine eigene „Note" (nicht nur i. S. einer Bewertung) einbringen möchte. Vielleicht ist diese Person inhaltlich zudem weiter von der Thematik der Arbeit entfernt als Erst- bzw. Zweitbetreuer:in und hat daher Anmerkungen, mit denen keine der anderen Personen des Begutachtungsprozesses gerechnet hat.

Unterm Strich ist dieser Schritt somit noch von Unsicherheit geprägt. Er kann nicht wirklich von den Promovend:innen beeinflusst werden und auch die anderen Beteiligten können (und sollen) diesen Faktor nicht abschließend antizipieren, denn er stellt einen wesentlichen Beitrag im Rahmen einer objektiven Bewertung der Doktorarbeit dar. Es ist daher durchaus kein unrealistisches Szenario, dass die Arbeit an den oder die Promovierende zurückgeht und für eine finale Einreichung u. U. Anpassungen erforderlich sind. Deren Umsetzung ist dann jedoch die Grundvoraussetzung für eine Annahme durch den Promotionsausschuss.

Häufig gelten starre Fristen für die Einreichung einer Doktorarbeit, z. B. weil der Promotionsausschuss nur zu bestimmten Zeiten tagt. Sofern solche Stichtage existieren, sollten diese unbedingt – mit einer gewissen Pufferzeit – beachtet werden, da Hochschulen hier für gewöhnlich keine Abweichungen ihrer formalen Regelungen akzeptieren.

## Einfluss- und Erfolgsfaktoren – Erstellungsphase[89]

### *Persönliches Umfeld*

Möglicher Einfluss auf den Promotionserfolg: *hoch*

Beeinflussbarkeit durch Doktorand:innen: *mittel bis hoch*

Während einer Promotion braucht man Verbündete – und zwar unterschiedlicher Natur. Das sind zum einen die „Leidensgenossen" der eigenen Universität; mit ihnen kann man sich über typische formale Herausforderungen, potentielle Prüfer:innen bei der Verteidigung, die Eigenheiten des Promotionsbüros oder auch spezifische methodische Aspekte austauschen. Zum anderen braucht es den (nicht nur emotionalen) Beistand des direkten persönlichen Umfelds – Partner:innen, Bekannte, Familie, Arbeitskolleg:innen. Vielleicht bekommst Du auch zurückgespielt, dass das Thema Promotion (zu) viel Raum bei den Gesprächen einnimmt. Es wird nicht wenige Personen geben, die hierzu (ggf. ungefragt) ihre Sichtweise äußern; und diese Rückmeldung ist das ein oder andere Mal auch eher kritisch als unterstützend. Daher ist gut zu überlegen, wen Du hier als Vertrauensperson einbindest und nach einer Einschätzung zu Promotionsthemen befragst.

Jegliche Form der persönlichen „Verankerung" kann Dir helfen, um bspw. mit Rückschlägen umzugehen. Bei allgemeinen Themen rund um die Dissertation können auch **Netzwerke** außerhalb des eigenen Fachbereichs eine große Unterstützung sein. Im Rahmen von strukturierten Promotionsprogrammen bieten die Doktorandenkolloquien eine hervorragende Möglichkeit, neben methodischen Fragen auch Grundsatzthemen zu erörtern oder sich ein Feedback zum Aufbau bzw. der Gliederung der eigenen

89 Im Gegensatz zu den Phasen „Einleitung" und „Schluss" beziehen sich die Einfluss- und Erfolgsfaktoren des Unterkapitels „Hauptteil" auf *alle* darin erläuterten Meilensteine („Schreibprozess", „Rückschläge und Zweifel" und „Einreichung"). Dies ist darin begründet, dass die Erstellungsphase von einem wellenartigen Verlauf geprägt sein kann und die Faktoren somit für den gesamten Zeitraum des Schreibens relevant sind.

Arbeit einzuholen. Die in einer solchen wissenschaftlichen Umgebung regelhafte Präsentation von Zwischenergebnissen vermittelt darüber hinaus ein Gefühl dafür, wo andere Promovend:innen stehen und mit welchen Fragen sie sich zu welchem Zeitpunkt ihrer Arbeit auseinandersetzen; dies ermöglicht, sich selber auf solche Themen und Phasen einzustellen. Zusätzlich entsteht ein Zusammengehörigkeitsgefühl, das wiederum Zutrauen in die eigenen Fähigkeiten auslösen kann. Auch eigenständig organisierte Formate innerhalb einer Firma, in deren Rahmen ein Austausch zu diversen Themen der Dissertation stattfindet, fallen in diesen Bereich und können eine enorme Unterstützung sein.

Der Unterstützung durch das **persönliche Umfeld** kommt bei einer nebenberuflichen Dissertation eine große Bedeutung zu. Ohne diese wird es für jede:n extern Promovierende:n schwierig – unabhängig davon, ob er oder sie z. B. in einer Partnerschaft lebt oder nicht. Denn in beiden Konstellationen ist eine Form von Beistand erforderlich, um die immer neuen Herausforderungen zu meistern. Eine Person, die alleine lebt, benötigt wahrscheinlich eher ein wenig Abwechslung oder gar Abstand vom Schreiben (durch Unternehmungen mit dem Freundes- und Bekanntenkreis), wohingegen jemand in einer Partner- und/oder Elternschaft „Zeitinseln“ sucht, in denen fokussiertes Arbeiten ohne Ablenkung möglich ist. Wer mit dem Gedanken einer berufsbegleitenden Promotion spielt und weiß, dass im Zeitraum der Erstellung ein Kind geboren wird, sollte unbedingt mit seiner **Partnerin oder seinem Partner** offen über die Auswirkungen auf das Familienleben sprechen und gemeinsam überlegen, wie diese enormen Herausforderungen *zusammen* bewältigt werden können.

Der Grad der Einbindung des **Arbeitgebers** in das Promotionsvorhaben hängt aus unserer Sicht von der jeweiligen Einzelfallkonstellation ab. Nicht jeder Chef wird mit Begeisterung reagieren, wenn ein Mitglied aus seinem Team ihm mitteilt, dass er bzw. sie eine solch umfassende Entwicklungsmaßnahme anvisiert. Allerdings kann diese Transparenz auch Druck aus dem Miteinander nehmen, indem man z. B. gemeinsam über die Organisation und Planung der beruflichen Arbeitspakete spricht, um deren Qualität sicherzustellen. Manche Unternehmen bieten möglicherweise sogar

Promotionsunterstützungsprogramme an – bis hin zu einer finanziellen Beteiligung. Wenn Du eine Auszeit gegen Ende der Doktorarbeit einplanst, ist eine frühzeitige Einbindung der Führungskraft ratsam, um für diese Phase einen gemeinsamen Weg zu eruieren, der keine negativen Auswirkungen auf die Dissertation *und* die beruflichen Projekte hat. Wer sich konkrete Unterstützung durch den Arbeitgeber erhofft, sollte frühzeitig den Dialog suchen und offen über die Rahmenbedingungen des Vorhabens sprechen, ohne dabei allzu große Erwartungen oder Hoffnungen zu haben. Aus Sicht des Unternehmens dient der Doktortitel in erster Linie eigenen Interessen. In den vermutlich wenigsten Fällen wird bspw. eine Führungsposition *zwingend* formal einen „Dr." vor dem Namen erfordern. Allerdings mag es Konstellationen geben, in denen die Schnittmenge zwischen Promotionsthema und ausgeübtem Beruf so groß ausfällt, dass die Akzeptanz auf Seiten des Arbeitgebers höher ist.

**Key Learnings**

- Das persönliche Umfeld kann zu einem maßgeblichen Faktor für den Erfolg der Dissertation werden, nicht zuletzt da es unmittelbaren Einfluss auf die psychische Konstitution Promovierender hat; bei einer Elternschaft hängt das zur Verfügung stehende Zeitkontingent vorwiegend von der Unterstützung der Partnerin oder des Partners ab.
- Neben privaten Kontakten zählen insbesondere auch Promovend:innen in vergleichbaren Situationen zum unterstützenden Umfeld, aber auch der Arbeitgeber gehört zum Personenkreis, der für den Verlauf des Promotionsvorhabens relevant werden kann.
- Bei strukturierten Promotionsprogrammen adressieren Doktorandenkolloquien eine Vielzahl von Herausforderungen und können auf mehreren Ebenen einen positiven Beitrag zum Verlauf des Promotionsprozesses leisten; in Unternehmen können eigenständig organisierten Netzwerktreffen eine vergleichbare Funktion übernehmen.

*Zeitmanagement*

Möglicher Einfluss auf den Promotionserfolg: *hoch*

Beeinflussbarkeit durch Doktorand:innen: *hoch*

Dem Umgang mit der für die Dissertation zur Verfügung stehenden Zeit kommt bei einer nebenberuflichen Promotion eine enorm große Bedeutung zu – gerade bei einem Vollzeitjob. Ohne Zeitinvestment ist naturgemäß kein Vorankommen bei der Doktorarbeit möglich. Ausgangspunkt ist stets eine Reflexion, um als Ergebnis Klarheit hinsichtlich des zur Verfügung stehenden Zeitkontingents zu erlangen. Daran anschließend sollte neben der groben **Zeitplanung** (z. B. Meilensteine wie Einreichung von Publikationen bei kumulativen Dissertationen bzw. der finalen Arbeit bei Monographien) auch die konkrete Organisation einzelner Arbeitspakete erfolgen. Diese Detailplanung kann bspw. bis hin zu dezidierten Tabellen gehen, wobei dies voraussetzt, dass man die Gliederung der Dissertation sowie die genaue Vorgehensweise bereits kennt. Ob und inwiefern manche Tools (z. B. die Pomodoro-Technik[90]) für Dich hilfreich sein können, kannst Du entweder bereits aufgrund Deiner Erfahrungen aus dem Studium beurteilen oder einmal ausprobieren, ob Deine Effizienz durch den Einsatz solcher Werkzeuge gesteigert werden kann.

Zu Beginn des Promotionsvorhabens macht es Sinn, sich zunächst einmal auf einer abstrakten Ebene Gedanken zu machen, wieviel Zeit Du pro Tag oder pro Woche aufbringen kannst und wann regelmäßige Zeitfenster zum Lesen oder Schreiben am besten **in den Alltag integriert** werden (können). Hierbei gilt es die für jede Konstellation individuellen Rahmenbedingungen zu berücksichtigen und zu bedenken, dass wir nicht von einem kurzen „Sprint“ über ein paar Monate sprechen, sondern von dem bereits erwähnten Marathonlauf. Diese Reflexion schließt u. a. den Kreis zum eigenen Freizeitanspruch und auch zur eigenen Persönlich-

90 Hierbei wird in der Regel ein Timer auf 25 Minuten gestellt, in denen konzentriert gearbeitet wird, gefolgt von einer Pause von fünf Minuten. Dieser Rhythmus kann beliebig oft wiederholt werden.

keit. Wer sich z. B. gut kennt und weiß, dass er oder sie eine bestimmte Anzahl an Stunden pro Woche für Sport oder andere Ausgleichstätigkeiten benötigt, um leistungsfähig zu sein, sollte dies bei der Planung seiner Arbeitspakete entsprechend berücksichtigen. Wichtig ist dabei eine *realistische* Einschätzung; allzu ambitionierte Ziele können ansonsten gerade bei der Doppelbelastung „Beruf plus Dissertation" eine Abwärtsspirale auslösen, bei der man sich ständig in Verzug befindet und aus dem schlechten Gewissen nicht mehr herauskommt. Dies kann verheerende Folgen haben und einen Zustand der Dauerfrustration auslösen.

**Praxistipp**

Die besondere Bedeutung einer regelmäßigen Schreibroutine bei Doktorarbeiten thematisiert ein Buch mit dem Titel *„Writing Your Dissertation in Fifteen Minutes a Day"*[91]. Die Autorin, die selber zwei Doktorarbeiten in ihrem Leben verfasst hat und Mitbegründerin des „Harvard Writing Center" ist, beschreibt darin das Extrakt ihrer jahrzehntelangen Erfahrung in der Betreuung von Promotionen. Eine ihrer Kernaussagen ist, dass die tägliche Auseinandersetzung mit der Dissertation einen höheren Stellenwert hat als der Zeitumfang oder z. B. die geschriebenen Seiten an einem besonders intensiven Tag. Die im Titel angegebenen 15 Minuten sind dabei nicht wörtlich zu nehmen, sondern dienen der Illustration ihrer Botschaft.

Auch wenn die regemäßige Auseinandersetzung mit der eigenen Doktorarbeit anhand von kürzeren Intervallen (z. B. mehrere Stunden regelmäßig pro Woche) sicherlich für ein gutes Vorankommen sorgen wird, ist eine **längere Auszeit vom Job**[92] – wenigstens zum

91 Joan Bolker, *Writing Your Dissertation in Fifteen Minutes a Day* (Henry Holt & Company, 1998).

92 Von einer „längeren Auszeit vom Job" sprechen wir ab einer Zeit von mindestens sechs Wochen, in der die volle Konzentration auf der Doktorarbeit liegt.

Ende des Prozesses – sinnvoll und empfehlenswert. Weitere Unterbrechungen, die nicht durch Urlaubstage abgedeckt werden können, hängen nicht zuletzt von Deiner finanziellen Situation ab, da sie in aller Regel als unbezahlte Freistellungen erfolgen. Wer sich bspw. im Rahmen einer Elternzeit mehr Freiräume zum Schreiben erhofft, sollte dabei Pufferzeiten einplanen, denn die Entwicklung der ersten Lebensmonate bzw. -jahre lässt sich nicht exakt antizipieren. Hinzu kommt in den allermeisten Fällen der Wunsch, diese Phase sehr bewusst mitzuerleben, sodass allzu ambitionierte Ziele mit Blick auf die Dissertation zu hohen Anspannungszuständen oder gar inneren Konflikten führen können.

**Key Learnings**

- Der Faktor Zeit stellt insbesondere bei einer berufsbegleitenden Promotion ein rares Gut dar und sollte daher sorgsam betrachtet werden.
- Eine systematische Zeitplanung kann dabei unterstützen, die erforderlichen Zeitfenster für das Schreiben in den Alltag zu integrieren und damit eine Regelmäßigkeit zu schaffen.
- Gegen Ende der Promotionsphase bietet sich für die meisten nebenberuflichen Doktorand:innen eine Auszeit vom Job an, um für das „Abbinden" der Dissertation vollständig auf den Promotionsprozess fokussieren zu können.

### *Kinder und andere (familiäre) Verpflichtungen*

Möglicher Einfluss auf den Promotionserfolg: *hoch*

Beeinflussbarkeit durch Doktorand:innen: *gering bis mittel*

In der Lebensphase der ersten Berufsjahre nach Abschluss des Studiums gehört der Wunsch nach bzw. die Planung einer Familie zu den wahrscheinlichsten Ereignissen. Auch andere Herausforderungen im familiären Umfeld können die Erstellungsphase der

Doktorarbeit erheblich beeinflussen. Hierzu gehört u. a. das Auftreten von schwerwiegenden Krankheiten, die Pflege von Familienangehörigen wie Eltern bzw. Großeltern, aber auch Projekte wie der Bau oder die Renovierung eines Hauses. All diese Konstellationen weisen als Gemeinsamkeiten eine erhöhte zeitliche sowie u. U. emotionale Belastung auf und sollten daher hinsichtlich ihrer Auswirkungen auf den Promotionsprozess nicht unterschätzt werden.

Die Elternrolle erfordert von Doktorand:innen zusätzlich Disziplin und Einsatz. Sie stellt vermutlich einen der Faktoren dar, die den höchsten Einfluss auf den Verlauf einer Dissertation haben. Der Grund hierfür liegt nahe: Kinder beanspruchen Zeit. Zeit, die für die Schreibarbeit nicht mehr genutzt werden kann. Wenn man davon ausgeht, dass von den 24 Stunden, die jedem Menschen tagtäglich zur Verfügung stehen, Themenfelder wie Schlaf, Beruf, Körperpflege und Mahlzeiten bereits einen Großteil des Tages einnehmen, so kommen mit den Zeitfenstern, die mit der Betreuung von Kindern einhergehen (z. B. Weg zur Kita, Zeit für Gespräche/Spielen, Morgen- und Abendroutinen), weitere Abzüge in der Saldierung hinzu. Und nicht nur die Gesamtzahl von Stunden pro Tag wird weniger, sondern im Regelfall auch die Kraftreserven sowie die Fähigkeit zum konzentrierten Arbeiten. Dies betrifft vor allem Doktorandinnen, die vielleicht nach dem Beginn einer Promotion schwanger werden und in dieser Phase umso mehr mit ihren Kräften haushalten müssen bzw. sollten.

Diese Einschätzung unterstreicht auch der BuWin-Report: *„Die dargestellten empirischen Auswertungen weisen aus, dass sich bereits bestehende Elternschaft negativ auf die Wahrscheinlichkeit zur Aufnahme einer Promotion auswirkt. Diese Ergebnisse deuten an, dass für Eltern ein Einstieg in die akademische Karriere über eine Promotion zunächst schwieriger oder unattraktiver erscheint.“*[93] Die Aktualisierung des Berichts im Jahr 2021 bestätigt diese Tendenz und erläutert, dass „Elternschaft“ auch *„die Übernahme von Verantwortung für andere Menschen im privaten Umfeld, wie beispiels-*

93 „Bundesbericht Wissenschaftlicher Nachwuchs 2017: statistische Daten und Forschungsbefunde zu Promovierenden und Promovierten in Deutschland“.

*weise bei der Pflege von Angehörigen"* einschließt.[94] Wenngleich die meisten der über 22.000 Befragten in einer Auswertung des Nacaps-Datenportal *ohne* Kind promovieren (83 %)[95], sollte man sich hiervon nicht entmutigen lassen. Wer als Vater oder Mutter den unbedingten Wunsch hat, eine Dissertation anzufertigen, kann dies auch *mit* Kindern erfolgreich umsetzen. Allerdings sind hierfür bestimmte „Stellschrauben" i. S. von Maßnahmen erforderlich, die in Summe vor allem zu einer zeitlichen Entlastung der Promovierenden führen sollen. Mögliche Ansatzpunkte sind u. a. die Unterstützung bei der Kinderbetreuung durch Großeltern, die Übernahme von mehr familiären Aufgaben durch die nicht-promovierende Partnerin bzw. den nicht-promovierenden Partner (möglicherweise reflektiert in der Aufteilung der Elternzeit), früheres Aufstehen morgens und/oder Arbeiten bis in die späten Abendstunden (was bei kleinen Kindern wiederum erfordert, dass der jeweils andere Elternteil sich nachts in erster Linie um das Baby kümmert). Aus diesen genannten Gründen sollte die Entscheidung einer berufsbegleitenden Promotion mit Kindern – wie bereits erwähnt – nicht ohne die Zustimmung der Partnerin bzw. des Partners getroffen werden.

Durch diese Verlagerung von familiären Pflichten entsteht allerdings ein Ungleichgewicht im Rahmen einer Partnerschaft, dessen man sich bewusst sein sollte. Nicht nur kann die Person, die mehr Aufgaben in der Beziehung übernimmt (z. B. im Haushalt oder bei der Kinderbetreuung), das Gefühl haben, keine Zeit mehr für sich selbst zu haben, sondern es fehlt oftmals auch die „Quality time" zwischen den Eltern. Angefangen von Ausflügen, die ein Elternteil mit dem Kind oder den Kindern allein unternimmt bis hin zu weniger gemeinsamer Zeit als Paar. Vor dem Hintergrund, dass eine nebenberufliche Dissertation in den allermeisten Fällen länger als drei Jahre dauert, muss dieses Thema zwingend proaktiv aufgegriffen und über Strategien gesprochen werden, die für *beide*

94 *Bundesbericht wissenschaftlicher Nachwuchs. 4.2021.*

95 „Indikator: Elternschaft", Themenbereich: Lebenssituation/Persönlicher Hintergrund, zugegriffen 01. Februar 2022, https://nacaps-datenportal.de/indikatoren/G4.html.

Partner:innen einen gangbaren Weg darstellen. An dieser Stelle bietet es sich bspw. an, Vereinbarungen darüber zu treffen, zu welchen Zeiten der Fokus auf der Doktorarbeit liegt und wann andere Themen Priorität haben.

**Praxistipp**

In Beziehungen, in denen der Wunsch besteht, die Abende – trotz paralleler Arbeit an der Dissertation – gemeinsam im selben Raum zu verbringen, könnte ein gangbarer Weg sein, dass sich der promovierende Partner bzw. die promovierende Partnerin mit einem sog. Noise-Cancelling-Kopfhörer akustisch „abschirmt". Dies kann vorwiegend bei Aufgaben funktionieren, die keine maximale Konzentration erfordern (bspw. Routinetätigkeiten wie Formatierungen). Ob diese Form der Vorgehensweise im Einzelfall geeignet ist, muss jedoch individuell ausprobiert werden, da nicht alle Doktorand:innen in der Lage sind, Nebengeräusche auszublenden (auch nicht mit der Unterstützung eines Kopfhörers).

Vor dem Hintergrund verschiedener Lern- und Arbeitstypen muss somit in jeder Beziehung gemeinsam der optimale Weg eruiert und ggf. angepasst werden. Und dabei durchleben Doktorand:innen häufig den ein oder anderen inneren Konflikt. Ist es im Hochsommer bspw. tatsächlich die bessere Wahl, in der heißen Wohnung am Computer zu sitzen, während sich die Kinder im Schwimmbad abkühlen und Eis essen? Solche Fragen kommen insbesondere dann auf, wenn man einen Durchhänger hat, wenn man nicht weiß, wie man das Kapitel abbinden soll oder wenn man nicht die erhoffte Rückmeldung von seiner Betreuungsperson erhält. Dann entsteht möglicherweise das Gefühl, besondere Momente oder einen bestimmten Entwicklungsschritt zu verpassen und man reflektiert darüber, ob es das alles wirklich wert ist.

***Praxisbeispiel – Promotion mit Kindern***

Eine Doktorandin mit kleinem Kind und Vollzeitjob benötigt immer wieder Zeitfenster außerhalb ihrer Arbeitszeiten zum Schreiben an ihrer Doktorarbeit. Da sie Führungsverantwortung für ein großes Team trägt, beeinflusst ihr berufliches Engagement das Voranschreiten der Dissertation. Sie sieht einen Doktortitel jedoch als Voraussetzung für die Realisierung ihrer langfristigen beruflichen Ziele und verfolgt dieses Projekt daher mit großer Ambition. Die Umsetzung geschieht mit dem Bewusstsein, dass sich die Gesamtdauer des Promotionsprozesses durch diese persönliche Konstellation verlängert.

Um ihre Dissertation stetig voranzutreiben, hat sie mit ihrem Ehemann im Vorfeld dieses Vorhabens gesprochen und überlegt, wie er sie dabei unterstützen kann. So haben sie unter anderem die Elternzeit paritätisch aufgeteilt, sodass sie ein paar Monate intensiver an ihrer Arbeit schreiben konnte. Während der Samstag als Familientag gesetzt ist, unternimmt ihr Mann an den Sonntagen mit dem gemeinsamen Kind in aller Regel etwas zu zweit, damit dieser Tag zum Großteil für die Promotion genutzt werden kann.

Anhand dieses Beispiels können gleich mehrere Einflussfaktoren auf das Dissertationsvorhaben reflektiert werden: Neben der Einbindung des Partners und einem disziplinierten (von Regelmäßigkeiten geprägten) Zeitmanagement zeigt sich, wie wichtig ein guter Umgang mit sich selbst sowie realistische Ziele sind.

Auch wenn Rückschläge (bis hin zu Krisen) nicht regelhaft auftreten, so macht es zumindest Sinn, sie „im Geiste" zu durchdenken, um der Situation nicht vollkommen ausgeliefert zu sein – ähnlich der Antizipation herausfordernder Situationen im Langstreckenlauf. Dann kann der Gedanke an den eigentlichen Beweggrund für die Dissertation helfen oder auch ein offenes Gespräch mit Freund:innen oder Partner:innen, um wieder neue Kraft zu schöpfen. Dies gilt natürlich für jede aufkommende „Sinnkrise" im Rahmen einer Doktorarbeit.

> **Key Learnings**
>
> - Neben dem ausgeübten Beruf nimmt die Elternrolle (oder auch andere familiäre Verpflichtungen) den womöglich größten Zeitfaktor im Rahmen einer berufsbegleitenden Promotion ein.
> - Unterstützung durch den Partner bzw. die Partnerin und das persönliche Umfeld ist zentral, um (stellenweise) Entlastung zu schaffen.
> - Innerhalb einer Beziehung besteht die Gefahr eines Ungleichgewichts sowie weiterer emotionaler und organisatorischer Herausforderungen; daher sollte die Ambition, eine Doktorarbeit zu schreiben, mitsamt der zu erwartenden Auswirkungen gemeinsam *vor* Beginn des Vorhabens besprochen werden.

### *Arbeitsumgebung und Technik*

Möglicher Einfluss auf den Promotionserfolg: *gering bis mittel*

Beeinflussbarkeit durch Doktorand:innen: *hoch*

Die **Arbeitsumgebung**, in der die Dissertation über Jahre geschrieben wird, kann von Doktorand:innen glücklicherweise spürbar beeinflusst werden. Dieser Schritt darf und sollte mit einer gewissen Vorfreude geschehen, denn eine inspirierende Lernumgebung kann positive Auswirkungen auf den Erstellungsprozess haben – sei es auf die kreativen, aber auch die routinemäßigen Elemente. Der Großteil der berufsbegleitenden Promovend:innen dürfte eine Tätigkeit am Schreibtisch ausüben, sodass durch eine Dissertation weitere Stunden des Sitzens dazukommen. Ein ergonomischer Schreibtischstuhl kann unterstützend hinsichtlich der Vorbeugung von Rücken- und/oder Haltungsproblemen wirken –

ggf. in Kombination mit einem höhenverstellbaren Schreibtisch. In aller Regel ist es zudem vorteilhaft, an einem bestimmten Ort in der Wohnung an der Dissertation zu schreiben und dies nicht auf dem Sofa (mit dem Notebook auf dem Schoß) zu machen. Aufgrund unterschiedlicher Lern- und Arbeitstypen wird es naturgemäß auch Promovend:innen geben, die abseits ihres Schreibtischs die besten Gedanken oder Ideen bezüglich ihrer Arbeit haben. Hier muss jede:r einen individuellen Weg finden, um die Bedürfnisse bestmöglich zu berücksichtigen. Der kleinste gemeinsame Nenner sollte sein, dass durch die Arbeitsumgebung und technische Aspekte keine unnötige Energie verschwendet wird, sondern der Fokus auf das eigentliche Tun gerichtet werden kann.

Aber nicht nur die Vermeidung von Negativerlebnissen fällt in den Themenbereich Technik; im Idealfall kann ein **optimales (Schreib-)Setup** die Freude an der Arbeit und die Effizienz spürbar erhöhen. Aus Gesprächen mit Doktorand:innen hat sich herausgestellt, dass ein Widescreen-Monitor eine enorme Unterstützung bei der Bearbeitung mehrerer Dokumente sein kann. Hierbei kann der Monitor z. B. in zwei Fenster unterteilt werden, die nebeneinander angeordnet werden. In einem davon kann die Textverarbeitung angezeigt werden, in dem anderen bspw. eine Publikation in Form einer pdf-Datei. Alternativ kann diese Funktion auch von einem zweiten externen Monitor abgedeckt werden.

Die meisten Berufstätigen wissen, wieviel Zeit für das Beheben von **IT-Problemen** draufgehen kann. Solche technischen Herausforderungen bereiten schon *ohne* Zeitdruck keine Freude, *mit* Zeitdruck (z. B. kurz vor Abgabe) können sie einen jedoch sprichwörtlich in den Wahnsinn treiben. Und wie der Zufall so will, treten systemseitige Totalabstürze oder Festplattendefekte gerne auf der unmittelbaren Zielgeraden einer Dissertation auf. Ähnlich verhält es sich mit Software- oder Systemupdates, die ein Betriebssystem massiv beeinträchtigen können. Solche Worst-Case-Szenarien gilt es daher präventiv zu vermeiden, z. B. indem kurz vor Abgabe keine Updates der verwendeten Programme mehr eingespielt werden (sofern nicht zwingend erforderlich) und man alle Dokumente z. B. online in einer „Cloud" speichert, um nicht von der lokalen Festplatte abhängig zu sein.

**Praxisbeispiel**

Ein Doktorand nutzte für das Schreiben seiner Dissertation das Programm Microsoft® Word für Mac. Für die Literaturverwaltung verwendete er eine Software, die über ein sog. Plug-in[96] in die Textverarbeitung integriert ist.

Wenige Tage vor Abgabe schlug die automatische Aktualisierung des Office-Pakets ein größeres Update vor. Der Promovend widerstand der Versuchung, stets die neueste Version zu verwenden – gemäß der Maxime „Never touch a running system". Zum Glück, wie sich nach Einreichung der Doktorarbeit herausstellte. Denn nachdem er die Programmaktualisierung einspielte, kam beim Neustart von Word die Fehlermeldung, dass das integrierte Plug-in der Literaturverwaltung in dieser Version nicht mehr funktioniere. Dies hätte zu größeren Problemen bei der Bearbeitung des Dokuments geführt und den (ohnehin bereits erhöhten) Stresspegel kurz vor Abgabe zusätzlich unnötig angehoben. Das Update des Plugins erschien wenige Tage später.

Grundlegende Themen der **Arbeitsorganisation** treten bei einer nebenberuflichen Doktorarbeit meist noch mehr in den Vordergrund, da davon auszugehen ist, dass nach einem arbeitsintensiven Tag im „Kernjob" die Fähigkeit zum konzentrierten Arbeiten vermindert ist. Bei Ablage aller Dateien in einem Online-Speicher kann man von nahezu überall auf die Unterlagen zugreifen. Somit ist auch ein (spontanes) Arbeiten unterwegs möglich; mit einem Tablet kann u. a. auf dort gespeicherte Paper zugegriffen werden, die dann ohne die Notwendigkeit von Papiernutzung gelesen und kommentiert werden können. Weitere Impulse können durch den Austausch mit anderen Doktorand:innen entstehen, z. B. hinsichtlich (technischer) Tools zur Erleichterung von Arbeitsabläufen.

96 Hierbei handelt es sich um die Erweiterung einer bestehenden Software i. S. einer zusätzlichen Funktionalität.

Zusätzliche Erleichterungen sind z.B. auch **Softwarelizenzen**, die häufig durch die Hochschule gestellt werden (kostenlos oder zu günstigeren Konditionen). Manchmal empfiehlt der Lehrstuhl eine spezifische Literaturverwaltung, für die es dann einen Universitätszugang gibt. Dies hilft nicht nur, Kosten zu sparen, sondern in aller Regel findet man unter den Mitstudierenden auch erfahrenere Anwender:innen, die bei Fragen unterstützen können.

Auch **externe Hilfe** kann in Anspruch genommen werden und parallel zu einer Zeitersparnis führen. Hiermit ist explizit *nicht* Ghostwriting gemeint. Jede Dissertation sollte zwingend als akademische Eigenleistung erstellt werden. Erfahrene Prüfer:innen erkennen in einem solchen Fall u.U. bei der Verteidigung, dass die Kenntnis der eigenen Inhalte lediglich rudimentär vorhanden ist, was zu unangenehmen (Nach-)Fragen führen kann. Unterstützende Maßnahmen können etwa die Transkription von Interviews durch einen externen Anbieter oder die Inanspruchnahme eines professionellen Lektorats sein, das in erster Linie die Verständlichkeit oder die Stringenz des eigenen Texts überprüft. Für weiterreichende Hilfe an der Doktorarbeit bietet die Erklärung am Ende der Arbeit in aller Regel die Option, eine solche Form der Mitwirkung transparent und wissenschaftlich korrekt anzugeben.

**Key Learnings**

- Durch ein suboptimales Arbeitssetup werden unnötige Zeit und Energie verschwendet, was sich bei einer berufsbegleitenden Promotion besonders negativ auswirkt; die Arbeitsumgebung sollte die zusätzliche Belastung durch eine nebenberufliche Dissertation insgesamt angenehmer gestalten.
- Mögliche Ansatzpunkte sind die Schreibumgebung (z. B. ergonomischer Bürostuhl), eine Optimierung der technischen Ausstattung (bspw. Monitor, Software) oder auch externe Unterstützung, um die Effizienz der Bearbeitung des Manuskripts zu steigern.
- Doktorand:innen können hierbei ihre persönlichen Bedürfnisse berücksichtigen, sich jedoch auch Impulse z. B. von Mitstudierenden einholen, um Arbeitsabläufe insgesamt zu erleichtern.

Die Erstellungsphase wird geprägt von den in diesem Kapitel beschriebenen Einflussfaktoren, die sich deutlich spürbar im Rahmen dieses längeren Zeitraums bemerkbar machen können. Diese sind in der nachfolgenden Tabelle zum Abschluss dieses Unterkapitels noch einmal übersichtlich dargestellt (siehe Tabelle 3: Einflussfaktoren der „Erstellungsphase“).

**Tabelle 3: Einflussfaktoren der „Erstellungsphase“(Eigene Darstellung)**

| Erstellungsphase | Möglicher Einfluss auf den Promotionserfolg | Beeinflussbarkeit durch Doktorand:innen |
|---|---|---|
| **Persönliches Umfeld** | hoch | mittel bis hoch |
| **Zeitmanagement** | hoch | hoch |
| **Kinder und andere (familiäre) Verpflichtungen** | hoch | gering bis mittel |
| **Arbeitsumgebung und Technik** | gering bis mittel | hoch |

Mit Ausnahme der Arbeitsumgebung und Technik können alle genannten Faktoren deutliche (direkte) Auswirkungen auf die erfolgreiche Umsetzung der Doktorarbeit haben. Das am wenigsten beeinflussbare Themenfeld liegt im familiären Kontext, insbesondere falls die Promotion als Elternteil geschrieben wird. Dann ist wie beschrieben eine Unterstützung durch das unmittelbare persönliche Umfeld eine Grundvoraussetzung für das Gelingen des Langzeitprojekts Doktorarbeit.

## 3.3 „Schluss" – Finalisierung der Promotion

Nachdem der für gewöhnlich zeitlich längste Abschnitt mit der Einreichung der Doktorarbeit abgeschlossen wurde, folgen mit der **Verteidigung** und der **Publikation** noch zwei wichtige Prozessschritte, ehe Du Dich der „**Zeit danach**" widmen kannst (siehe Abbildung 9: Die Schlussphase einer berufsbegleitenden Promotion).

**Abbildung 9: Die Schlussphase einer berufsbegleitenden Promotion (Eigene Darstellung)**

### 3.3.1 Verteidigung

Die Zeit zwischen der Einreichung und der Verteidigung kann durchaus ereignisreich sein, denn jeder Teilschritt auf dem Weg dorthin vermag sich mit Blick auf den Prüfungstermin zeitlich verzögernd auswirken. Die organisatorisch größte Herausforderung ist die Terminfindung mit dem Prüfungskommittee. Neben den Gutachter:innen – in der Regel terminlich stark eingespannte Hochschullehrer:innen – kommt eventuell noch ein Vorsitz der Disputation hinzu. Bis in den Terminkalendern *aller* Teilnehmer:innen ein mehrstündiges freies Zeitfenster gefunden ist, vergehen oftmals mehrere Monate.

Bis zum Tag der Verteidigung bestehen somit ausreichend Möglichkeiten, sich die eigene Arbeit noch einmal intensiv anzuschauen, denn vielleicht sind in der Zwischenzeit nicht mehr alle Details präsent. Hinzu kommt, dass man es durchaus nach der Einreichung genießt, eine innere Distanz zu der intensiven Erstellungsphase aufzubauen. Wer seine Doktorarbeit eigenständig verfasst hat (und davon gehen wir in diesem Buch aus), sollte die Fragen hierzu jedoch nicht fürchten, sondern mit breiter Brust – und im Bestfall auch mit Freude – in den Austausch mit dem Prüfungskommittee gehen. Falls die Verteidigung in Form eines Rigorosums abläuft, müssen sich Doktorand:innen u. U. noch weitere fachliche Inhalte aneignen (oder zumindest wiederholen).

Zum Ablauf des Prüfungstermins existieren – wie bei allen anderen Formen von Prüfungen auch – unterschiedliche Geschichten und Erfahrungswerte. Die Spannweite reicht dabei vom „lockeren Durchmarsch" bis hin zu nahezu traumatischen Erlebnissen und offen ausgetragenen Konflikten mit oder auch zwischen den Gutachter:innen. Den Verlauf dieser Leistungsüberprüfung verlässlich zu antizipieren, ist daher weder mit Blick auf nur *einen* Lehrstuhl möglich, geschweige denn für *alle* Universitäten, an denen berufsbegleitende Promotionen angeboten werden.

Der Tag der Prüfung hat zumeist einen feierlichen Charakter und dient ein Stück weit auch der offiziellen Würdigung des Einsatzes der vorangegangenen Jahre. Selbst wenn in der Verteidigung ein paar schweißtreibende Fragen aufkamen (im Bestfall aufgrund eines ehrlichen Interesses an der Thematik), sollte die Freude und Erleichterung nach dem Bestehen überwiegen und mit allen Unterstützer:innen vor Ort geteilt werden. Diesen Tag wird man vermutlich so schnell nicht vergessen; er sollte mit einer schönen Feier am Abend enden.

Die Verteidigung sowie die Publikation stellen noch einmal wichtige und erforderliche Meilensteine nach der Einreichung der Doktorarbeit dar. Hier solltest Du die Spannung aufrechterhalten und mit der nötigen Konzentration und Sorgfalt agieren. Die Vorfreude auf die Zeit danach, in der Du Dich wieder vermehrt anderen Interessen widmen kannst, setzt für diese finale Phase noch einmal Kräfte frei.

### Einfluss- und Erfolgsfaktoren – Verteidigung

Möglicher Einfluss auf den Promotionserfolg: *hoch*

Beeinflussbarkeit durch Doktorand:innen: *mittel bis hoch*

Bei der Verteidigung bzw. dem Rigorosum handelt es sich am Ende des Promotionsprozesses um eine mündliche Prüfungssituation, die von den Doktorand:innen noch einmal andere Kompetenzen erfordert als das Schreiben an der eigentlichen Arbeit. Zur vorhandenen Motivation (immerhin befindet man sich auf der Zielgeraden der Dissertation) gesellt sich bei nicht wenigen Promotionsstudentinnen und -studenten die Sorge, man könne nicht jede Frage zur vollsten Zufriedenheit der Gutachter:innen beantworten. Zwar hat die (Haupt-)Betreuungsperson in aller Regel sehr solide Kenntnisse von der Materie, allerdings haben sich die Promovierenden über Jahre nahezu täglich mit ihrer wissenschaftlichen Thematik beschäftigt und weisen somit eine hohe Fachexpertise auf dem Gebiet auf. Aus dieser Tatsache solltest Du **Selbstvertrauen** schöpfen und Vorfreude entwickeln.

Wie bei jeder Form der mündlichen Prüfung gilt es eine Strategie im Umgang mit den persönlichen Eigenheiten in dieser speziellen Situation zu finden (**„Prüfungs-Ich“**). Wer dazu tendiert, zu ausschweifend zu präsentieren, sollte den Vortrag vor Freund:innen oder Mitstudierenden einüben und sich dabei ein ehrliches Feedback einholen. Falls Du Sorge hast, auf dem falschen Fuß erwischt zu werden, kannst Du z.B. durch gezielte Rückfragen wieder mehr Sicherheit erlangen und in das Thema zurückfinden.

Es kann sinnvoll sein, sich von Kommilitoninnen oder Kommilitonen, die den Prozess bereits durchlaufen haben, ein paar **allgemeine Informationen** einzuholen (bspw. Ablauf, Tipps zur technischen Ausstattung etc.). Im Falle von hochschulöffentlichen

Disputationen besteht die Gelegenheit, sich eine Verteidigung an seinem Lehrstuhl einmal im Vorfeld der eigenen Prüfung persönlich anzuschauen. Dies alles sollte mit der Intention geschehen, den Stresslevel an „Tag X" runterzuschrauben. Auch das Promotionsbüro kann bei spezifischen (organisatorischen) Fragen unterstützen; wichtig ist z. B., ob sich in dem Raum ein Beamer befindet. Auch sollte u. a. geklärt werden, ob Familie und Freunde im Hörsaal anwesend sein dürfen; wer dies als Unterstützung empfindet, wird sich über deren Anwesenheit sehr freuen.

Während der Corona-Pandemie haben einige Hochschulen ihre Verteidigung online durchgeführt oder die Anzahl der Teilnehmer vor Ort auf ein absolutes Minimum beschränkt. Atmosphärisch gesehen stellt dies eine spürbare Einschränkung dieses eigentlich feierlichen Meilensteins der Doktorarbeit dar, ermöglicht jedoch das Voranschreiten des Promotionsprozesses auch unter eingeschränkten Rahmenbedingungen. In diesem Setting ist eine sorgfältige Vorbereitung der **technischen Aspekte** besonders relevant, um den Ablauf und inhaltlichen Fokus der Prüfung nicht unnötig zu stören. Ein sicherer Umgang hiermit verhindert das Aufkommen zusätzlicher Nervosität.

Dieser Schritt des Promotionsprozesses fordert von den Doktorand:innen nochmalig die Fähigkeit, alle an diesem Meilenstein **beteiligten Personen** („Stakeholder") in ihrem Sinne zu koordinieren. Wer einen guten Draht zu seinen Betreuer:innen hat, erfährt vielleicht ein paar Schwerpunkte der Prüfung und kann sich somit effizienter vorbereiten (z. B. beim Lernen für das Rigorosum). Insbesondere bei berufsbegleitenden Promotionen macht sich jegliche Form der Erleichterung unmittelbar positiv bemerkbar und sorgt für weniger Stressbelastung im Vorfeld der Prüfung.

**Key Learnings**

- Die Verteidigung sollte idealerweise mit dem nötigen Selbstbewusstsein und einer gewissen Vorfreude angegangen werden.
- Eine zielgerichtete Vorbereitung ist das A und O, damit die mündliche Prüfung möglichst stressfrei absolviert werden kann.
- Neben inhaltlichen Aspekten sollte auch der Umgang mit der eingesetzten Technik Bestandteil der Einstimmung auf die Verteidigung sein.

*Checkliste Verteidigung bzw. Rigorosum*

- Wurde – ggf. über das Promotionsbüro – offiziell ein **Termin** mit allen für die Verteidigung erforderlichen Personen abgestimmt und ein geeigneter Raum bzw. Hörsaal reserviert?
- Habe ich Rücksprache mit **Mitstudierenden** gehalten, die am selben Lehrstuhl bereits eine Verteidigung durchlaufen haben?
- Besteht die Möglichkeit, an der **Disputation anderer Doktorand:innen** teilzunehmen?
- Habe ich eine *zielgruppenadäquate* **Struktur** für meinen Vortrag (die sich am regelhaften Aufbau einer Doktorarbeit orientiert)?
  - Thema der Doktorarbeit
  - Ausgangslage
  - Aktueller Stand der Forschung
  - Hypothese bzw. Forschungsfrage
  - Ziel der Dissertation
  - Methodik
  - Theoretische Grundlagen
  - Ergebnisse
  - Diskussion/weiterer Forschungsbedarf
  - Fazit

- Sind die Inhalte bzw. Schwerpunkte in Einklang mit den Vorstellungen der **Betreuungsperson(en)?**
- Beherrsche ich die **fachlichen Details**, die im Kontext der Doktorarbeit von mir erwartet werden (betrifft bei einem Rigorosum zusätzlich zur Dissertation auch die Prüfungsfächer)?
- Ist der Aufbau der einzelnen **Folien** stimmig und nachvollziehbar (z. B. jeweils aussagekräftiger Titel, keine allzu textlastigen Folien)?
- Habe ich meine Präsentation so einstudiert, dass ich bspw. auch bei technischen Problemen souverän durch das Thema führen und **frei sprechen** kann?
- Liege ich innerhalb der vorgegebenen **Präsentationszeit**, ohne dabei allzu sehr durch die Thematik hetzen zu müssen?
- Bin ich mit der **Technik** vertraut (z. B. Nutzung eines Presenters, (Adapter für) Anschluss eines Beamers)?
- Habe ich **Backup-Lösungen** (z. B. einen USB-Stick mit der Präsentation in verschiedenen Formaten oder einen Ausdruck, falls die Technik komplett versagt)?

### 3.3.2 Publikation

In Deutschland ist die Veröffentlichung der eigenen Doktorarbeit Pflicht und gehört somit als fester Bestandteil zum Promotionsverfahren. Bereits durch die Einreichung der (gedruckten) Pflichtexemplare entstehen Doktorand:innen Kosten, die im Rahmen einer Verlagsveröffentlichung ggf. weiter steigen können. Eine Alternative zur Veröffentlichung stellt die Online-Publikation dar, bei der die Arbeit über das Internet zur Verfügung gestellt wird. Dies ist die kostengünstigste Variante, die mittlerweile von vielen Universitäten angeboten wird.

Wer beabsichtigt, sein Werk qualitätsgeprüft in den Händen zu halten und womöglich noch ein wenig Geld damit zu verdienen, kann dies bei einem renommierten Fachverlag tun. Dabei ist allerdings zu berücksichtigen, dass sich bei diesem Schritt möglicherweise die Zeit bis zum offiziellen Doktortitel noch um ein paar Monate verlängert.

## Einfluss- und Erfolgsfaktoren – Publikation

Möglicher Einfluss auf den Promotionserfolg: *hoch*

Beeinflussbarkeit durch Doktorand:innen: *mittel bis hoch*

Die Publikation ist zwingend **erforderlich** und unterliegt oft bestimmten Zeitrahmen. Dieser Schritt ist meist detailliert in der Promotionsordnung geregelt, sodass hier normalerweise wenig Unklarheiten existieren. Das Promotionsbüro kann in jedem Fall beratend zur Seite stehen, sodass es sich lohnt, einen konstruktiven Kontakt zu den Mitarbeitenden der Hochschule zu halten.

Wenn Du Deine Doktorarbeit über die Pflichtexemplare für die Hochschule hinaus in **Buchform** zum Verkauf anbieten möchtest, solltest Du einen dafür geeigneten Verlag auswählen, dem eine sehr gute Reputation in dem zugrunde liegenden Fachbereich attestiert wird. Hierbei ist aus Sicht von Doktorand:innen Vorsicht beim Thema Druckkostenzuschuss geboten; hierunter versteht man eine Kostenbeteiligung am Druck des Buchs von Seiten der verfassenden Person. Da Dissertationen oftmals Fragestellungen abdecken, die lediglich für eine bestimmte Zielgruppe interessant sind, besteht die Möglichkeit, diesen Zuschuss durch Dritte (bspw. in Form eines Stipendiums) beizusteuern.[97] Alternativ kann auch eine Veröffentlichung im Selbstverlag erfolgen. Hierfür ist neben einer sog. Internationalen Standardbuchnummer (ISBN) ein „Print on demand"-Service notwendig, der das Buch erst bei erfolgter Bestellung druckt.

Die wenigsten Doktorand:innen werden mit ihrer Veröffentlichung wirklich Geld verdienen und sollten diesen Schritt daher unter Effizienzgesichtspunkten angehen. Wer dennoch versuchen möchte, einen Teil der Investitionskosten reinzuholen, kann eher über den Verkauf einer E-Book-Variante nachdenken.

97 „Die Doktorarbeit publizieren: Vorgehensweise, Möglichkeiten und Kosten", academics, zugegriffen 01. Februar 2022, https://www.academics.de/ratgeber/dissertation-veroeffentlichen.

**Key Learnings**

- Wesentliche Anhaltspunkte zur Publikation liefert die Promotionsordnung der Hochschule.
- Im Falle einer Veröffentlichung in Buchform sollte ein für das Thema geeigneter Fachverlag mit entsprechendem Renommee identifiziert werden.
- Potentielle Kosten im Zusammenhang mit der Publikation sollten von Promovierenden im Vorfeld eruiert werden, damit es an dieser Stelle keine bösen Überraschungen gibt.

*Checkliste Publikation*

- Ist mir die **Anzahl der (Pflicht-)Exemplare** für die Hochschule bekannt?
- Ist eine **Online-Veröffentlichung** ausreichend (um z.B. Kosten für den Druck zu sparen)?
- Möchte ich die Doktorarbeit in **Buchform** publizieren?
- Welcher **Verlag** ist für mein Thema am ehesten (aufgrund seiner Reputation) geeignet?
- Möchte der Verlag einen **Druckkostenzuschuss** im Vorfeld erhalten? Falls ja, kann ich dahingehend externe Unterstützung erhalten (z.B. durch Stiftungen[98])?

### 3.3.3 Die Zeit danach

Nach erfolgreicher Verteidigung sowie Publikation haben Promovend:innen hinsichtlich der Dissertation in aller Regel keine weiteren To-dos mehr. Meist müssen sie noch eine bestimmte Zeit auf ihre Urkunde warten und dürfen eventuell den Titel noch nicht offiziell tragen. In manchen Fällen mag es eine Weile dauern, bis

98 Nadine Chmura, „Druckkostenzuschüsse für die Publikation der Dissertation", rund-um-die-promotion.de, zugegriffen 01. Februar 2022, https://www.rund-um-die-promotion.de/die-promotion/finanzierung/druckkostenzuschuss/.

sich die Anspannung gelegt hat und man das Geleistete realisiert. Schließlich hatte man über Jahre hinweg eine zusätzliche Komponente in seinem Leben, die nun wegfällt. Von den freiwerdenden Abenden profitieren nicht nur die Doktorand:innen, sondern vor allem auch das direkte persönliche Umfeld. Das Mehr an Zeit kann nun wieder für unbeschwerten Austausch und gemeinsame Erlebnisse eingesetzt werden.

In dieser Phase paart sich Freude oftmals mit einer gewissen Erschöpfung, man ist erleichtert und natürlich auch stolz, diese enorme Anstrengung gemeistert zu haben. Nicht selten sind Angehörige euphorischer als der oder die frisch gebackene Promovierte. Unmittelbar nach bestandener Verteidigung ist vielleicht nicht der geeignete Zeitpunkt für eine abschließende Reflexion, sondern eine gute Möglichkeit, erst einmal wieder andere Schwerpunkte im Leben zu setzen.

## Einfluss- und Erfolgsfaktoren – Die Zeit danach

Möglicher Einfluss auf den Promotionserfolg: *gering*

Beeinflussbarkeit durch Doktorand:innen: *hoch*[99]

Aus dem persönlichen Umfeld werden Fragen kommen wie „Würdest Du mit dem heutigen Wissen nochmals eine Promotion beginnen?". Zu Beginn eines solchen Vorhabens weiß man nicht zu 100 %, wie es sich *exakt* anfühlen wird, Job und Promotion unter einen Hut zu bekommen – und das ist durchaus gut so! An dieser Stelle passt der Vergleich mit dem Marathonlauf abschließend noch einmal sehr gut. Es mag Läufer geben, für die ist der erste Marathon eine pure Freude. Er löst Adrenalin, Euphorie und Glücksgefühle aus. Genauso wird es allerdings auch Läufer geben, die früher oder später im Lauf die Anstrengung spüren. Gelenke und

99 Da der Promotionsprozess zu diesem Zeitpunkt bereits abgeschlossen ist, sollte diese Einschätzung mit einem Augenzwinkern interpretiert werden. Die Grundaussage lautet: Du kannst wieder vermehrt selbst über Deinen Alltag und Deine Freizeit bestimmen.

Bänder machen sich bemerkbar, oder auch Seitenstiche. Hier von Freude zu sprechen, wäre schlichtweg unpassend. Und dennoch beißen sich viele von ihnen durch und sind im Ziel zwar erschöpft, aber ebenso glücklich und stolz auf ihre Leistung.

Mit ein wenig mehr Abstand wird deutlich, dass der Doktortitel wahrscheinlich das „sichtbarste" Ergebnis des Prozesses ist, aber die *nicht-sichtbaren* Erfahrungen einer berufsbegleitenden Promotion mitunter viel bedeutsamer sind: Wer eine berufsbegleitende Promotion erfolgreich absolviert, stellt damit nicht nur fachliche Qualitäten und Methodenkompetenz unter Beweis. Wem es gelingt, diese „Ziellinie" zu überqueren, zeichnet sich zusätzlich durch Ambition und Ehrgeiz aus. Man hat fokussiert und ausdauernd ein Ziel verfolgt, einer hohen (eigenen und/oder externen) Erwartungshaltung standgehalten, eine eigenständige wissenschaftliche Erkenntnisleistung erbracht und sich dabei persönlich weiterentwickelt. Der Umgang mit Rückschlägen, ein verbessertes Zeitmanagement, Setzen von Schwerpunkten, Strukturieren komplexer Fragestellungen und Themen, Disziplin und (Selbst-)Organisation sind bei der Realisierung des Doktortitels weitere zentrale Gesichtspunkte eines erfolgreichen Gelingens.

**Key Learnings**

- „Würdest Du mit dem heutigen Wissen nochmals eine Promotion beginnen?" wird die wohl häufigste Frage im Nachgang einer Doktorarbeit sein.
- Eine solch intensive Zeit benötigt u. U. ein wenig Abstand zur Reflexion, um zu einem Bewusstsein für die gesammelten Erkenntnisse und Erfahrungen zu gelangen.
- Die nicht direkt sichtbaren Ergebnisse eines erfolgreich absolvierten Promotionsprozesses sind zumeist mittel- bis langfristig relevanter für die persönliche Entwicklung als der eigentliche Doktortitel.

### *Abschließende Reflexion: Hat sich die Anstrengung gelohnt?*

Auf Basis persönlicher Gespräche fällt die Antwort auf die obige **Reflexionsfrage** in Abhängigkeit vom Abstand zur Dissertation durchaus unterschiedlich aus. An dieser Stelle schließt sich der Kreis zu den initialen Beweggründen. Wer für eine konkrete Zielposition im Unternehmen diesen Weg gegangen ist und nun tatsächlich eine Beförderung erhält, wird die Frage aller Voraussicht nach mit einem klaren „Ja“ beantworten. Dann läge ein direkt „messbares“ Ergebnis vor – doch das wird nicht immer so eindeutig der Fall sein.

Zu guter Letzt kannst Du Dich fragen, welche **Fähigkeiten** Du im Laufe des gesamten Prozesses erworben hast, die von den *direkt* erkennbaren Nutzenaspekten abweichen. Denn diese Qualitäten haben bisweilen größere Auswirkungen auf den weiteren Alltag als der reine Doktortitel. Das Bewusstsein für diese Kompetenzen kann sehr bestärkend sein.

Am Ende dieses Hauptkapitels sind in der nachfolgenden Tabelle noch einmal die wesentlichen Einflussfaktoren der Schlussphase einer Doktorarbeit zusammengefasst (siehe Tabelle 4: Einflussfaktoren der Phase „Schluss“).

**Tabelle 4: Einflussfaktoren der Phase „Schluss“ (Eigene Darstellung)**

| Schluss | Möglicher Einfluss auf den Promotionserfolg | Beeinflussbarkeit durch Doktorand:innen |
|---|---|---|
| **Verteidigung** | hoch | mittel bis hoch |
| **Publikation** | hoch | mittel bis hoch |
| **Die Zeit danach** | gering | hoch |

Vor allem aufgrund formaler Anforderungen haben Verteidigung und Publikation einen großen Einfluss auf das Promotionsverfahren. Die gute Nachricht nach der Einreichung lautet: Du kannst hier aktiv Einfluss auf diese beiden letzten Meilensteine nehmen, sodass der positive Abschluss der Dissertation in greifbare Nähe rückt. Und für die Ausgestaltung der Zeit danach hast Du die „Zügel“ sogar wieder komplett in Deiner Hand.

# 4 Schlusswort der Autoren

Wer an diesem Punkt des Buchs angekommen ist, hat nun ein Verständnis für den regulären Verlauf einer Dissertation und kennt die aus unserer Sicht relevanten Einflussfaktoren für eine Promotion neben dem Beruf (siehe Abbildung 10: Wesentliche Einflussfaktoren auf eine berufsbegleitende Doktorarbeit). Darüber hinaus ist Dir bekannt, welche Themenfelder für die eigene persönliche Konstellation am bedeutsamsten sind und wie diese so ausgestaltet werden können, dass Du die Herausforderung „Promotion plus Job“ prinzipiell erfolgreich bewältigen kannst.

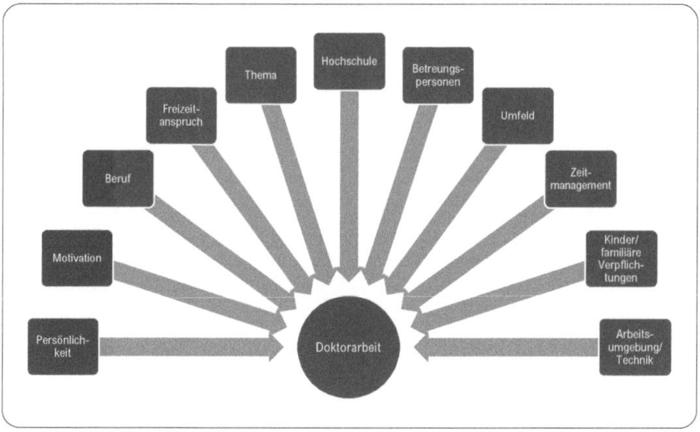


**Abbildung 10: Wesentliche Einflussfaktoren auf eine berufsbegleitende Doktorarbeit (Eigene Darstellung)**

Diejenigen, die sich darüber im Klaren sind, dass eine Dissertation nicht in ihren (Berufs-)Alltag passt oder die zusätzlichen Anstrengungen bewusst nicht unternehmen möchten, können nach der Lektüre das Buch mit einem Grundgefühl der Bestätigung und Überzeugung zuklappen: Ihre Entscheidung ist frühzeitig gefallen – nämlich *bevor* weitere Investitionen stattgefunden haben (z.B.

zeitlicher und/oder finanzieller Art). Getreu dem Motto „Make a decision and stick to it" kann an das Thema ein abschließender Haken gemacht werden.

Anders stellt sich die Situation möglicherweise für bereits begonnene Doktorarbeiten dar. Hier reicht die Palette der Konstellationen von einem eindeutigen „Contra Promotion" bis hin zu sehr komplexen Einzelkonstellationen. Dahingehend allgemeingültige Ratschläge zu geben, ist entsprechend schwierig, um nicht zu sagen unmöglich. In unklaren Fällen empfiehlt sich in jedem Fall der direkte Dialog mit der (Haupt-)Betreuungsperson; diese kann aufgrund seines oder ihres Erfahrungsschatzes womöglich konkrete Hilfestellungen in Bezug auf die Entscheidungsfindung geben. Eine Alternative ist grundsätzlich das Einlegen einer Pause. Allerdings solltest Du Dir selbst gegenüber unbedingt ehrlich sein, denn eine begonnene Doktorarbeit über Jahre mit sich „mitzuschleppen" kann eine ziemliche – insbesondere emotionale – Last sein. Das Setzen einer persönlichen „Deadline" wirkt hier definitiv unterstützend: „Wenn ich bis dann und dann meine Dissertation nicht wiederaufgenommen habe, breche ich den Prozess ab".

Ein weiteres mögliches Szenario ist die Situation, dass Du Dich schon mindestens einmal mit dem Gedanken an eine berufsbegleitende Promotion beschäftigt hast, aber der „Stein" noch nicht ins Rollen gekommen ist – sei es, weil die berufliche und/oder private Konstellation noch keine Umsetzung ermöglicht haben oder weil kein adäquater Anknüpfungspunkt an einer Hochschule identifiziert werden konnte (z. B. kein geeigneter Kontakt zu einer Betreuungsperson). Hier empfiehlt es sich – ähnlich wie bei einer definitiven Entscheidung für ein solches Vorhaben – in Dich hineinzuhören und darüber zu reflektieren, wie stark der Wunsch nach einer Promotion tatsächlich ist und welche Beweggründe hinter diesem Wunsch stecken. Vielleicht klingt es einfach verlockend, einen Doktortitel zu haben, aber dieser Gedanke alleine erschafft noch keine eigenständige wissenschaftlichen Erkenntnisleistung. Der Austausch mit externen Doktorand:innen und damit das Einholen konkreter Erfahrungswerte kann nicht nur das Gesamtbild vervollständigen, sondern auch offene Fragen klären, die im Vorfeld einer Dissertation bestehen. Manchmal braucht es mehrere gedankliche Anläufe, bis sich eine finale Entscheidung herauskristallisiert sowie die eigene Gewissheit manifestiert.

Wenn wir abschließend die Kernmerkmale für eine aussichtsreiche berufsbegleitende Promotion kondensiert in einer „Formel" gipfeln ließen, dann sähe diese aus unserer Sicht folgendermaßen aus:

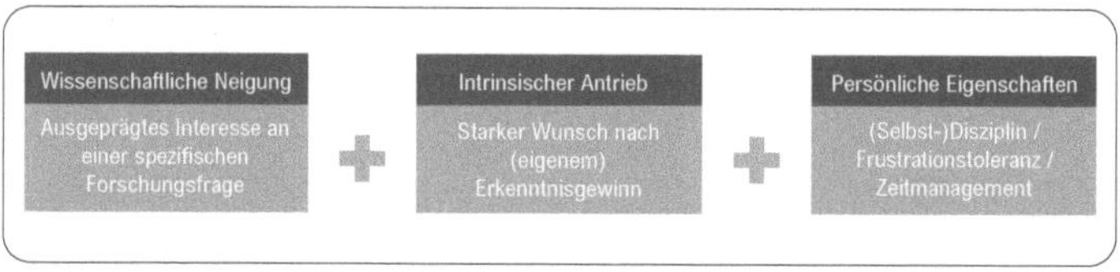


**Abbildung 11: „Entscheidungsformel" für eine berufsbegleitende Promotion (Eigene Darstellung)**

Für eine Dissertation ist das deutlich wahrnehmbare Interesse an der Bearbeitung einer wissenschaftlichen Fragestellung der Ausgangspunkt Deiner Entscheidungsfindung. Zu diesem sollte ein hoher *innerer* Antrieb hinzukommen, d.h. eine Motivation, die nicht alleinig auf einem äußeren Faktor beruht (wie dem Wunsch nach einem höheren Gehalt). Wer zusätzlich noch die personalen Kompetenzen mitbringt, die für die eigenständige Arbeit an der Doktorarbeit hilfreich sind, steigert die Erfolgsaussicht enorm.

Voraussetzung hierfür ist, dass kein K.-o.-Kriterium vorliegt: Wenn bspw. Dein Anspruch an die persönliche Freizeit höher gewichtet ist als der Wunsch nach einer erfolgreich abgeschlossenen Promotion, kannst Du die Auseinandersetzung mit den Bestandteilen dieser Darstellung ausblenden. Falls dies nicht der Fall ist und Du diese drei Komponenten für Dich bejahen kannst, stehen die Chancen sehr gut, dass Du eine berufsbegleitende Promotion trotz aller Herausforderungen bewältigen kannst. Eine weitere Analogie zum Sport ist, dass der bloße Wunsch nach Erfolg selten ausreichend ist, um das Ziel zu erreichen. Denn ansonsten würden bspw. alle Olympiateilnehmer:innen eine Goldmedaille gewinnen. Der Weg dorthin, das „System" (im Sinne einer disziplinierten und strukturierten Vorgehensweise) ist viel entscheidender als die reine Sehnsucht nach einem Titel. Muss der Weg zum Ziel immer Spaß machen? Nein! Aber wie bei allen großen Herausforderungen entscheidet schlussendlich Dein persönliches „Commitment“[100] über die Aussicht auf Erfolg.

Sofern Du nun erste Schritte hinsichtlich der Umsetzung einleiten möchtest, hast Du konkrete Hinweise erhalten, wie Du den Ball ins Rollen bringen kannst. Vergleichbar dem Aufbau einer Erzählung und einer Doktorarbeit kannst Du nun Deine eigene „Promotionsgeschichte“ schreiben – mitsamt einer persönlichen Einleitung, einem Hauptteil und (einem hoffentlich positiven) Schluss. Wir wünschen Dir dabei Freude, Durchhaltevermögen und Erfolg!

Da es sich bei diesem Buch ebenfalls um ein berufsbegleitendes Schreibprojekt gehandelt hat, fanden viele der im Text beschriebenen Hinweise auch hierbei Anwendung und konnten (nach der eigenen Dissertation) einem erneuten Praxistest unterzogen werden. Wie eingangs erwähnt wurde es mit dem Ziel geschrieben, eine Entscheidungshilfe und ein Ratgeber für Promotionsinteressierte und Doktorand:innen zu sein; daher sind wir an Euren Geschichten sowie konstruktivem Feedback sehr interessiert (z. B. über LinkedIn).

Thomas Staab & David Matusiewicz

100 Hierunter versteht man die Hingabe i. S. einer Identifikation (z. B. mit einer Aufgabe oder einem Projekt).

# Literaturverzeichnis

academics. „Die Doktorarbeit publizieren: Vorgehensweise, Möglichkeiten und Kosten". Zugegriffen 01. Februar 2022. https://www.academics.de/ratgeber/dissertation-veroeffentlichen.

academics. „Disputation, Rigorosum, Promotionskolloquium". Zugegriffen 01. Februar 2022. https://www.academics.de/ratgeber/dissertationskolloquium-rigorosum-disputation#subnav_rigorosum_umfassende_muendliche_pruefung.

Allmann, Julia Felicitas. „Für wen sich ein Doktortitel im Job auszahlt". Manager Magazin. Zugegriffen 01. Februar 2022. https://www.manager-magazin.de/unternehmen/karriere/wann-sich-eine-promotion-fuer-den-job-lohnt-a-1227334.html.

Bolker, Joan. *Writing Your Dissertation in Fifteen Minutes a Day*. Henry Holt & Company, 1998.

Bosse, Katja. „ICH KRIEG DIE KRISE!" ZEIT Campus, 28. Oktober 2017. https://www.zeit.de/campus/2017/06/promotion-doktoranten-probleme/komplettansicht.

———. „Ruhe in Frieden". ZEIT Campus. Zugegriffen 01. Februar 2022. https://www.zeit.de/campus/2013/02/promotion-doktormutter.

*Bundesbericht wissenschaftlicher Nachwuchs. 4.2021*. Bielefeld: Bertelsmann, 2021.

„Bundesbericht Wissenschaftlicher Nachwuchs 2017: statistische Daten und Forschungsbefunde zu Promovierenden und Promovierten in Deutschland". Bielefeld: W. Bertelsmann Verlag, 2017. https://doi.org/10.3278/6004603w.

Chmura, Nadine. „Druckkostenzuschüsse für die Publikation der Dissertation". rund-um-die-promotion.de. Zugegriffen 01. Februar 2022. https://www.rund-um-die-promotion.de/die-promotion/finanzierung/druckkostenzuschuss/.

Destatis – Statistisches Bundesamt. „Bestandene Promotionen nach Bundesländern". Zugegriffen 01. Februar 2022. https://www.destatis.de/DE/Themen/Gesellschaft-Umwelt/Bildung-Forschung-Kultur/Hochschulen/Tabellen/promotionen-bundeslaender.html.

Destatis – Statistisches Bundesamt. „Studierende nach Bundesländern“. Zugegriffen 01. Februar 2022. https://www.destatis.de/DE/Themen/Gesellschaft-Umwelt/Bildung-Forschung-Kultur/Hochschulen/Tabellen/studierende-insgesamt-bundeslaender.html.

Deutsche Anwaltauskunft. „Doktorarbeiten: Welche Strafen drohen bei Plagiaten?“ Zugegriffen 01. Februar 2022. https://anwaltauskunft.de/magazin/gesellschaft/bildung-forschung/doktorarbeiten-welche-strafen-drohen-bei-plagiaten.

„Die Umsetzung der Ziele des Bologna-Prozesses 2000–2020 – Nationaler Bericht von Kultusministerkonferenz und Bundesministerium für Bildung und Forschung unter Mitwirkung von HRK, DAAD, Akkreditierungsrat, fzs, DSW, GEW und BDA“. Bundesministerium für Forschung und Bildung (BMBF). Zugegriffen 01. Februar 2022. https:/bit.ly/3JhVPdg.

Duden. „Disputation“. Zugegriffen 01. Februar 2022. https://www.duden.de/rechtschreibung/Disputation.

Duden. „Doktor“. Zugegriffen 01. Februar 2022. https://www.duden.de/rechtschreibung/Doktor.

Duden. „Ehrendoktor“. Zugegriffen 01. Februar 2022. https://www.duden.de/rechtschreibung/Ehrendoktor.

Duden. „honoris causa“. Zugegriffen 01. Februar 2022. https://www.duden.de/rechtschreibung/honoris_causa.

Duden. „Monografie“. Zugegriffen 01. Februar 2022. https://www.duden.de/rechtschreibung/Monografie.

Duden. „Plagiat“. Zugegriffen 01. Februar 2022. https://www.duden.de/rechtschreibung/Plagiat.

Elm, Kirstin von. „Bei der Titeljagd muss man sich rechtzeitig entscheiden“. WELT. Zugegriffen 01. Februar 2022. https://www.welt.de/wirtschaft/karriere/bildung/article13895466/Bei-der-Titeljagd-muss-man-sich-rechtzeitig-entscheiden.html.

Fischer, David, und Julia Giertz. „Nehmt das, Abschreiber!“ SPIEGEL. Zugegriffen 01. Februar 2022. https://www.spiegel.de/lebenundlernen/uni/suche-nach-abschreibern-wie-hochschulen-gegen-plagiate-kaempfen-a-892322.html.

Frankfurter Allgemeine Zeitung. „Guttenberg darf sich wieder Doktor nennen“. Zugegriffen 01. Februar 2022. https://www.faz.net/aktuell/gesellschaft/menschen/ex-verteidigungsminister-guttenberg-ist-wieder-doktor-16902703.html.

Franz, Anja. „Der Doktortitel kann mich mal“. SPIEGEL, 11. August 2014. https://www.spiegel.de/lebenundlernen/job/doktorarbeit-promovenden-verzweifeln-an-uni-und-promotion-a-983370.html.

Fromm, Kathrin. „5,4,3,2...“ *ZEIT Campus*. Zugegriffen 01. Februar 2022. https://www.zeit.de/campus/ratgeber-promotion/2019/01/doktorarbeit-einreichen-promotionsabschluss-dissertation.

Gehalt.de. „Mehr Gehalt mit Doktortitel: In diesen Studienfächern lohnt sich die Promotion“. Zugegriffen 01. Februar 2022. https://www.gehalt.de/news/mehr-gehalt-mit-doktortitel.

Goethe Universität Frankfurt am Main. „Gute Wissenschaftliche Praxis in der Promotion“. Zugegriffen 01. Februar 2022. https://www.uni-frankfurt.de/53981968/Gute_Wissenschaftliche_Praxis_in_der_Promotion.

Grevers, Laetitia. „Dr. med. zu Leichtgemacht“. Süddeutsche Zeitung. Zugegriffen 01. Februar 2022. https://www.sueddeutsche.de/bildung/medizinstudium-dr-med-zu-leichtgemacht-1.3473555.

Gschwendtner, Christian. „Armer, kranker Doktor“. Süddeutsche Zeitung, 21. Dezember 2018. https://www.sueddeutsche.de/bildung/promotion-armer-kranker-doktor-1.4261459.

Hachmeister, Cort-Denis. „Im Blickpunkt: Promotionen als Indikator für die Leistung von Hochschulen – Auswertung von Daten des Statistischen Bundesamtes und des CHE Rankings 2019/20“. CHE gemeinnütziges Centrum für Hochschulentwicklung, Juni 2019. https://www.che.de/wp-content/uploads/upload/Im_Blickpunkt_Promotionen_2019.pdf.

Handelsblatt. „Die Stunde der Frauen: Das sind die 50 einflussreichsten Frauen der deutschen Tech-Branche“. Zugegriffen 01. Februar 2022. https://www.handelsblatt.com/unternehmen/management/technologie-die-stunde-der-frauen-das-sind-die-50-einflussreichsten-frauen-der-deutschen-tech-branche/27486020.html.

Haufe. „Neuer Head of Recruiting bei Strategy&“. Zugegriffen 01. Februar 2022. https://www.haufe.de/personal/personalszene/neuer-head-of-recruiting-bei-strategy_74_376318.html.

Heidrick & Struggles. „Dr. Christine Stimpel“. Zugegriffen 01. Februar 2022. https://www.heidrick.com/en/people/s/dr-christinestimpel.

Heil, Florian. „Zeitspanne der Promotion: Dauer im Durchschnitt“. academics. Zugegriffen 01. Februar 2022. https://www.academics.de/ratgeber/promotion-dauer.

Hochschulinitiative Deutschland. „Die besten Sportarten gegen Stress im Studium". Zugegriffen 01. Februar 2022. https://hochschulinitiative-deutschland.de/blog/sport-gegen-stress-im-studium.

Jaksztat, Steffen, Nora Preßler, und Kolja Briedis. *Promotionen im Fokus: Promotions- und Arbeitsbedingungen Promovierender im Vergleich*. Forum Hochschule, 2012,15. Hannover: HIS, 2012.

Joffe, Josef. „Das Wunschabzeichen". ZEIT Campus, 21. Februar 2019. https://www.zeit.de/2019/09/doktortitel-promotion-karriere-dissertation-plagiat-status.

Kessler, Paula Zoe. „Ihr Unternehmen soll Deutschlands erstes frauengeführtes Milliarden-Start-Up werden". FOCUS. Zugegriffen 01. Februar 2022. https://bit.ly/3te36W7.

MBA Journal. „MBA-Kosten in den USA: Mehr als 200.000 Dollar". Zugegriffen 01. Februar 2022. https://www.mba-journal.de/mba-kosten-in-den-usa-mehr-als-200-000-dollar/MBA-Kosten in den USA: Mehr als 200.000 Dollar.

MBA-Studium.de. „MBA Studium – Was ist das eigentlich?" Zugegriffen 01. Februar 2022. https://www.mba-studium.de/infos/mba-was-ist-das/.

McKinsey & Company. „Entwicklungspfade bei McKinsey". Zugegriffen 01. Februar 2022. https://karriere.mckinsey.de/einstieg/consulting-bei-mckinsey/einstiegspositionen.

Mediatum. „Miriam Kessler". Zugegriffen 01. Februar 2022. https://bit.ly/3uR4oHS.

Medizinische Hochschule Hannover. „GWP an der MHH". Zugegriffen 01. Februar 2022. https://www.mhh.de/forschung/gute-wissenschaftliche-praxis.

Michler, Inga. „Wie erkennen Sie echte Talente, Frau Stimpel?" WELT. Zugegriffen 01. Februar 2022. https://www.welt.de/podcasts/die-macher/article207912993/Headhunter-Wie-erkennt-Deutschlands-Top-Recruiterin-Talente.html.

Mrosek, Victoria. „Doktor oder doch Ph.D.? Eine Frage der eigenen Ziele". e-fellows.net. Zugegriffen 01. Februar 2022. https://www.e-fellows.net/Studium/Studiengaenge/Promotion/Wissenswertes-zur-Promotion/Doktor-versus-PhD.

Neue Zürcher Zeitung. „Neue Plagiatsvorwürfe gegen Baerbock – aber auch gegen Laschet und Scholz". Zugegriffen 01. Februar 2022. https://www.nzz.ch/international/neue-plagiatsvorwuerfe-gegen-baerbock-aber-auch-gegen-laschet-und-scholz-ld.1645341.

Osel, Johann. „Karriere schlägt Doktorhut". Süddeutsche Zeitung, 29. Juli 2013. https://www.sueddeutsche.de/bildung/abbruchquote-bei-promotionen-karriere-schlaegt-doktorhut-1.1732141.

RND – Redaktionsnetzwerk Deutschland. „Politiker und Plagiatsvorwürfe: Manch einer verlor sein Amt". Zugegriffen 01. Februar 2022. https://www.rnd.de/politik/politiker-und-doktortitel-so-mancher-plagiatsvorwurf-kostete-den-posten-2L7P74IFQEC2AJQK2VDPJE7GRQ.html.

Schmidt, Manuela, und Erika Hansson. „Doctoral students' well-being: a literature review". *International Journal of Qualitative Studies on Health and Well-being* 13, Nr. 1 (1. Januar 2018): 1508171. https://doi.org/10.1080/17482631.2018.1508171.

Schneider, Wolf. *Deutsch für junge Profis*. Rowohlt Verlag, 2011.

Schröder, Catalina. „Titelduell – MBA versus Doktor". e-fellows.net. Zugegriffen 01. Februar 2022. https://www.e-fellows.net/Studium/Studiengaenge/Promotion/Wissenswertes-zur-Promotion/MBA-oder-Promotion.

Schröder, Simon. „Einmal steckte mir eine Frau 1800 Euro in einem Schminktäschchen zu". SPIEGEL. Zugegriffen 01. Februar 2022. https://www.spiegel.de/start/ghostwriting-wie-ein-ghostwriter-arbeitet-und-wem-welche-konsequenzen-drohen-a-0c662e1e-5ebd-4dda-9e4c-ee8c13557981.

Signium. „Angela Westdorf". Zugegriffen 01. Februar 2022. https://www.signium.de/berater/angela-westdorf/.

SPIEGEL. „Baerbocks Buch wird nicht mehr gedruckt". Zugegriffen 01. Februar 2022. https://www.spiegel.de/politik/deutschland/annalena-baerbock-buch-der-gruenenchefin-wird-nicht-mehr-gedruckt-a-946db4f9-aff9-4882-b96f-494367c4db84.

Strategy&. „Ilkay Boramir". Zugegriffen 01. Februar 2022. https://www.strategyand.pwc.com/de/de/contacts/i/ilkay-boramir.html.

Studieren-berufsbegleitend.de. „Promotion berufsbegleitend". Zugegriffen 01. Februar 2022. https://www.studieren-berufsbegleitend.de/promotion-berufsbegleitend/.

Süddeutsche Zeitung. „MBA-Fernstudium". Zugegriffen 01. Februar 2022. https://bildung.sueddeutsche.de/kategorie/mba-fernstudium/.

Terpitz, Katrin. „Deutschlands wichtigste Managerinnen". Handelsblatt. Zugegriffen 01. Februar 2022. https://www.handelsblatt.

com/unternehmen/management/portraetserie-christine-stimpel-die-koenigsmacherin/4303262-22.html.

Themenbereich: Betreuungssituation. „Indikator: Austauschhäufigkeit mit dem Hauptbetreuer“. Zugegriffen 01. Februar 2022. https://nacaps-datenportal.de/indikatoren/B4.html.

Themenbereich: Betreuungssituation. „Indikator: Betreuungsvereinbarung“. Zugegriffen 01. Februar 2022. https://nacaps-datenportal.de/indikatoren/B1.html.

Themenbereich: Art- und Struktur der Promotion. „Indikator: Dissertationsform“. Zugegriffen 01. Februar 2022. https://nacaps-datenportal.de/indikatoren/C1.html.

Themenbereich: Lebenssituation/Persönlicher Hintergrund. „Indikator: Elternschaft“. Zugegriffen 01. Februar 2022. https://nacaps-datenportal.de/indikatoren/G4.html.

Themenbereich: Promotionsmotive und Promotionsverlauf. „Indikator: Gründe zur Erwägung des Promotionsabbruchs“. Zugegriffen 01. Februar 2022. https://nacaps-datenportal.de/indikatoren/D3.html.

Themenbereich: Betreuungssituation. „Indikator: Inhalte der Betreuungsvereinbarung“. Zugegriffen 01. Februar 2022. https://nacaps-datenportal.de/indikatoren/B2.html.

Themenbereich: Promotionsmotive und Promotionsverlauf. „Indikator: Motivation zur Arbeit an der Promotion“. Zugegriffen 01. Februar 2022. https://nacaps-datenportal.de/indikatoren/D1.html.

Themenbereich: Arbeits- und Beschäftigungsbedingungen. „Indikator: Stellenumfang (Vollzeit/Teilzeit)“. Zugegriffen 01. Februar 2022. https://nacaps-datenportal.de/indikatoren/A3.html.

Themenbereich: Betreuungssituation. „Indikator: Unterstützung in der Promotion (SSCO)“. Zugegriffen 01. Februar 2022. https://nacaps-datenportal.de/indikatoren/B6.html.

Uhtenwoldt, Deike. „Die Wochenend-Doktoranden“, 18. Oktober 2013. https://www.faz.net/aktuell/karriere-hochschule/campus/externe-promotionen-die-wochenend-doktoranden-12612891.html.

Vollmar, Meike. „Neue Promovierendenstatistik: Analyse der ersten Erhebung 2017“. *Statistisches Bundesamt* Methoden WISTA-das Wissenschaftsmagazin, Nr. 1/2019. Zugegriffen 01. Februar 2022. https://www.destatis.de/DE/Methoden/WISTA-Wirtschaft-und-Statistik/2019/01/neue-promovierendenstatistik-012019.pdf?__blob=publicationFile.

VroniPlag. „Mit Leidenschaft für die Wissenschaft“. Zugegriffen 01. Februar 2022. https://www.vroniplag.de.

Wikipedia. „Liste deutscher Dissertationen mit Plagiaten“. Zugegriffen 01. Februar 2022. https://de.wikipedia.org/wiki/Liste_deutscher_Dissertationen_mit_Plagiaten.

Wikipedia. „Plagiatsaffäre Guttenberg“. Zugegriffen 01. Februar 2022. https://de.wikipedia.org/wiki/Plagiatsaffäre_Guttenberg.

ZEIT. „Baerbock-Buch soll Quellenangaben erhalten“. Zugegriffen 01. Februar 2022. https://www.zeit.de/politik/deutschland/2021-07/plagiatsvorwuerfe-annalena-baerbock-buch-quellenangaben.

ZEIT Campus. „Mama wäre stolz“. Zugegriffen 01. Februar 2022. https://www.zeit.de/campus/ratgeber-promotion/2019/01/gruende-fuer-die-promotion-promovieren-studium.

# Über die Autoren

**Thomas R. Staab** studierte Gesundheitsökonomie an der Universität Köln. Nach dem Berufseinstieg im Consulting wechselte er in die pharmazeutische Industrie und kann dort mittlerweile auf mehr als zehn Jahre Erfahrung bei mehreren global tätigen Unternehmen in verschiedenen (Führungs-)Positionen zurückblicken.

Nach den ersten Berufsjahren festigte sich der Wunsch einer weiteren akademischen Qualifikation. So begann er 2014 eine berufsbegleitende Promotion an der Medizinischen Hochschule Hannover im Fach Public Health, die er 2019 erfolgreich abschloss.

Die während dieser Zeit gesammelten persönlichen Erfahrungswerte sowie die Erkenntnisse aus vielen Gesprächen zu diesem Themenkomplex möchte er Promotionsinteressierten und Doktorand:innen mit auf den Weg geben – mit dem Ziel einer bestmöglichen individuellen Entscheidung hinsichtlich ihrer berufsbegleitenden Dissertation.

**David Matusiewicz** ist Professor für Medizinmanagement an der FOM. Seit 2015 verantwortet er als Dekan den Hochschulbereich Gesundheit & Soziales und leitet als Direktor das Forschungsinstitut für Gesundheit & Soziales (ifgs). Vor seiner Professur arbeitete er mehrere Jahre als wissenschaftlicher Mitarbeiter bei Prof. Dr. Jürgen Wasem am Alfried Krupp von Bohlen und Halbach-Stiftungslehrstuhl für Medizinmanagement der Universität Duisburg-Essen.

David Matusiewicz ist Herausgeber und Autor diverser Fach- und Lehrbücher, hat verschiedene Hochschulsysteme durchlaufen und betreut mehrere berufsbegleitende Promotionen. Sein langjähriges Know-how möchte er in den vorliegenden Ratgeber einfließen lassen, damit Promotionsstudentinnen und -studenten von diesen Erkenntnissen bei der Umsetzung ihrer Doktorarbeit praxisnah profitieren können.